Heinz R. Wittner

Mit Kindern im Elsaß

Ausflugsboot auf der Ill in Straßburg

Heinz R. Wittner

Mit Kindern im Elsaß

37 Erlebnisziele im und rund um das Elsaß

Fleischhauer & Spohn

Titelbild: Die Hoh-Königsburg, das Urbild einer Ritterburg, zählt zu den beliebtesten Ausflugszielen im Elsaß.

Bildnachweis: Alle Aufnahmen stammen vom Verfasser.

Die Kartenskizzen im Text stammen von Herrn Rainer Wittner, 67435 Neustadt.
Die Kartenskizze auf der Umschlagrückseite wurde von der Firma Reimund Ulrich M & W, 71404 Korb, angefertigt.

Gesamtherstellung: Druckerei Laub GmbH & Co., 74834 Elztal-Dallau
ISBN 3-87230-540-9

Das Elsaß hat so viel unerschöpflichen Reichtum zu bieten!

Landschaften von einmaliger Schönheit. Ein Kulturerbe, das in seiner Vielfältigkeit seinesgleichen sucht. Und die Gastfreundschaft der Elsässer braucht nicht erst gerühmt zu werden.

Familien mit Kindern werden sich im Elsaß wohl fühlen und viele Möglichkeiten für Freizeit und Sport finden: markierte Pfade für Wanderungen zu Fuß oder mit dem Rad, Gebiete zum Klettern und Gleitschirmfliegen, Adlerwarte und Burgen ...

In den Vogesen und im regionalen Naturpark der Nordvogesen findet man auf Schritt und Tritt Biotope mit einer Tier- und Pflanzenwelt, die man nie vermutet hätte.

Für praktische Hinweise, Informationsmaterial und auch konkrete Angebote stehen wir natürlich allen Familien sehr gerne zur Verfügung.

Renaud Jautzy

Directeur d'Office Départemental
du Tourisme du Bas-Rhin
9, rue de Dôme
F-67061 Strasbourg Cedex

Mit Kindern im Elsaß

Mit dem, was die meisten Erwachsenen in das Elsaß lockt, die malerischen Städte und Dörfer oder die Elsässer Küche, kann man nur wenige Kinder begeistern. Die „Attraktionen“ für Kinder und Jugendliche, die im Elsaß angeboten werden, zeigen ein deutliches Süd-Nord-Gefälle, was die Qualität und auch die Preise anbelangt. Der größte Teil der besonderen Ausflugsziele konzentriert sich auf das Oberelsaß, genauer gesagt auf den Raum zwischen Schlettstadt (Séléstat) und Mühlhausen (Mulhouse).

Eintrittspreise in Frankreich sind nicht gerade billig und das trifft somit auch für das Elsaß zu. In Frankreich gibt es für Museen oder ähnliche Einrichtungen kaum oder keine staatlichen Zuschüsse; sie müssen kostendeckend arbeiten. Wer allerdings beklagt, daß die Attraktionen nur über hohe Eintrittspreise genossen werden können, sollte bedenken, daß die dortigen Angebote eine Qualität besitzen, wie man sie in Deutschland nur selten antrifft. Das gilt im Besonderen für das Ecomusée bei Ensisheim, das Auto- und das Eisenbahnmuseum in Mühlhausen sowie die Greifvogelwarte auf der Burg Kintzheim. Aber auch das Übrige kann sich getrost sehen lassen.

In vielen Gegenden Deutschlands zählt der Besuch von Burgruinen zu den interessanten Angeboten für Kinder und Jugendliche. Das Elsaß weist eine solch große Fülle von Burgruinen auf, daß hier nur einige wenige, besonders attraktive Burgen ausgesucht wurden.

Für den Besuch des Elsaß benötigt man einen Personalausweis. Außerdem ist es zu empfehlen, Francs mitzunehmen oder im Land einzutauschen. Man kann nicht überall mit D-Mark bezahlen, so zum Beispiel auf der Hoh-Königsburg. In umgekehrter Weise sollte man sich überlegen, wo in Deutschland kann ein Ausländer in seiner Landeswährung bezahlen? Wegen häufigen Besitzer- oder Pächterwechsels im Gaststättengewerbe wurde in diesem Buch bewußt darauf verzichtet Ruhetage von Gaststätten anzugeben. Sie wechseln in Frankreich noch häufiger als in Deutschland.

Die angegebenen französischen Straßenkarten kann man auch über deutsche Buchhandlungen beziehen. Vorsichtshalber wurde auch eine deutsche Karte mit aufgeführt. Für die Wanderkarten kann keine deutsche Karte in entsprechender Qualität empfohlen werden.

Für dieses Buch wurden 37 Erlebnisziele im und um das Elsaß ausgewählt und beschrieben, von der kostenlosen Radtour oder dem Besuch einer Burg bis zum „teuren“ Museumsbesuch. Der Verlag, der Autor und seine Familie wünschen beim Erkunden viel Spaß!

Festungen im Bitscher Land ❶

Die Zitadelle in Bitsch und die Maginotlinie Simserhof

Um es vorweg zu sagen: Festungen dienten zu jeder Zeit kriegerischen Zwecken. Sie wurden einerseits zum Schutz von Menschen errichtet, waren andererseits gegen Menschen gerichtet. Es sollen hier keine militärischen Einrichtungen verherrlicht werden. Vielmehr soll gezeigt werden, zu welch gigantischen Anstrengungen die jeweils Herrschenden ihre Untertanen gezwungen haben, wenn es um Kriegstechnik ging.

Mit der Erfindung der Kanone wurden die meisten mittelalterlichen Burgen ein leichtes Opfer für Angreifer. Aus dieser Erkenntnis heraus entwickelten im 16. Jahrhundert die Holländer die ersten Festungen. Die Franzosen verbesserten und verfeinerten die Festungstechnik. Die absolute Perfektion erreichte der Festungsbau in der 2. Hälfte des 17. Jahrhunderts unter dem französischen Festungsbaumeister Vauban (siehe auch Kapitel 4, 10 und 29).

Die Entwicklung von der mittelalterlichen Burg zur modernen Festung läßt sich nirgends besser nachvollziehen als in Bitsch (Bitche), im benachbarten Lothringen. Bereits im 11. Jahrhundert erbauten die Herzöge von Lothringen auf einem mächtigen Felsmassiv zwischen den Dörfern Kaltenhausen und Rohr die Burg Bitsch, die sie im Jahr 1297 den Grafen von Zweibrücken(-Bitsch) zu Lehen gaben. 1570 kam die inzwischen großzügig erweiterte Burg in der Erbfolge an die Grafen von Hanau-Lichtenberg. Ihr vorläufiges Ende fand sie im Jahr 1633, als sie von schwedischen Truppen zerstört wurde.

Mit dem Ende des 30jährigen Krieges (1648) kam Lothringen unter französische Oberhoheit. Ab 1679 ließ der französische „Sonnenkönig“ Ludwig XIV. durch seinen Festungsbaumeister Vauban auf dem Burgfelsen eine Festung erbauen. Zwei Jahre darauf wurden die Dörfer Kaltenhausen und Rohr zur Stadt Bitsch vereint. 1697 mußte die Festung gemäß den Friedensbedingungen von Rijswijk wieder geschleift, d. h. abgetragen werden. Der französische König ließ sie jedoch zwischen 1701 und 1714 erneut aufbauen. Zwischen 1741 und 1754 wesentlich erweitert und verstärkt, hielt sie 1793 (in den Revolutionskriegen) und 1870/71 (im deutsch-französischen Krieg) den Belagerungen erfolgreich stand. Im 2. Weltkrieg diente die Festung keinen militärischen Zwecken, sondern als Bunker für die Zivilbevölkerung.

Blick von der Festung auf das Städtchen Bitsch (Bitche)

Und nun ein Sprung in die Neuzeit, zu den Festungen des 20. Jahrhunderts. Das französische Vorbild des deutschen Westwalls ist mit dem Namen des französischen Politikers André Maginot (gesprochen: Maschino) verbunden. Während seiner kurzen Amtszeit als Kriegsminister (er wurde im Dezember 1929 ernannt und starb am 7. Januar 1932) wurde am 14. Januar 1930 das Gesetz zum Bau einer Befestigungslinie von der belgischen bis zur Schweizer Grenze vom französischen Parlament beschlossen.

Die Vorgeschichte der Maginotlinie reicht bis in das Jahr 1918 zurück. Damals – der 1. Weltkrieg war am 11. November 1918 zu Ende gegangen – wurde der französische Generalstab beauftragt, eine Studie zur Verteidigung der Grenzen auszuarbeiten, um in Zukunft feindliche Invasionen wie 1870 und 1914 zu verhindern.

Die Maginotline mit ihren gigantischen Festungswerken übertraf alles bisher Dagewesene. Die immensen Baukosten brachten Frankreich an den Rand des Staatsbankrotts. Im Endeffekt erfüllte die Maginotlinie ihren Zweck nicht, sie blieb weitgehend wirkungslos. Als Deutschland im 2. Weltkrieg Frankreich 1940 abermals überfiel, wurde die Maginotlinie auf dem Umweg über das neutrale Belgien umgangen. Ein Großteil der Festungsbesatzungen mußte kapitulieren, ohne je einen Schuß abgegeben zu haben.

Nach dieser geschichtlichen Einleitung wollen wir zwei der interessantesten Festungsanlagen besuchen. Den Weg zur **Zitadelle (Festung) von Bitsch (Citadelle de Bitche)** braucht man nicht zu beschreiben. Der mächtige Felskoloß, auf und in dem die Festung erbaut wurde, erhebt sich mitten im Städtchen. Der Eingang befindet sich in der „Rue Bombelles", einer Gasse gegenüber vom Supermarkt „Maxi Coop". Zur Besichtigung wird warme Kleidung empfohlen. Der Besucher wird über einen Kopfhörer, den er an der Kasse erhält, in der jeweiligen Sprache von einem Besichtigungsobjekt zum anderen geleitet.

Zuerst geht es auf die Festung, wo man einen Eindruck von ihrer strategischen Lage gewinnt. Anschließend steigt man die Treppen in die unterirdischen Gänge hinab. Da gibt es alles, was zum Leben und zur Kriegsführung notwendig war, z. B. Brunnen, eine Bäckerei oder ein Lazarett. Was der Besucher hier unten nicht erwartet, sind Viehställe für Rinder (zur Fleischversorgung) und Pferde. Den Verwendungszweck der Räume kann man nicht nur sehen und hören, man kann ihn auch riechen: In der Bäckerei riecht es nach frischem Brot, in den Ställen nach Pferden oder Kühen. Auf dem weiteren Weg kommt man zum Kommandantenzimmer, zu den Offiziersräumen und zu den Kasernen der „gemeinen Soldaten".

Das zweite Ziel, die **Befestigungsanlage Simserhof der Maginotlinie**, liegt etwa 4 Kilometer westlich von Bitsch beim *Gehöft Légeret.*

❶

„Friedliche Eroberung“

Man erreicht sie, wenn man auf der Straße D 35 in Richtung Volmunster fährt. Sie gehört zu den wenigen Anlagen der Maginotlinie, die vom französischen Militär bis heute in „kampffähigem" Zustand erhalten werden. Auch hier ist wegen der Innentemperatur von 11° Celsius warme Kleidung angesagt.

Der „Simserhof" war so ausgerüstet, daß die Soldaten ohne Versorgung von außen mindestens drei Monate leben konnten. Hier gibt es Anlagen zur Stromerzeugung, Wasserwerke und Wasseraufbereitungsanlagen sowie Öl- und Kraftstoffvorräte. Artillerie- und andere Geschütztürme können maschinell, aber auch von Hand ausgefahren werden.

Man betritt das Festungswerk durch den „Materialeingang" (es gibt auch einen Mannschaftseingang). Das frühere Munitionslager ist heute als Museum eingerichtet. Mit einer elektrischen Schmalspurbahn fährt man unterirdisch zu einem etwa 3 Kilometer außerhalb gelegenen Kampfstand. Hier muß man 30 Meter auf Treppen zu den drehbaren Panzerkuppeln hinaufsteigen.

Alles in allem hinterläßt der „Simserhof" einen bedrückenden Eindruck, wenn man sich vergegenwärtigt, unter welchen ungesunden Bedingungen die Soldaten hier „hausen" mußten.

▷ *Wie kommt man nach Bitsch (Bitche)?*
Mit der Bahn: Von Saarbrücken über Sarreguemines (Saargemünd)/Lothringen nach Bitche. Mit dem Auto: Von Saarbrücken auf der B 51 nach Sarreguemines und auf der N 62 weiter nach Bitche. Aus Richtung Homburg auf der B 424 nach Hornbach und auf der D 962 weiter nach Bitche.

Citadelle de Bitche (Festung Bitsch)

△ *Öffnungszeiten:* täglich 10.00 – 17.00 Uhr

∞ *Eintrittspreise:* Erwachsene 38,00 FF (etwa 11,00 DM)
Kinder 23,00 FF (etwa 7,00 DM)

★ *Auskünfte:*
Telefon 0 03 33/87 06 16 16

Befestigungswerk Simserhof der Maginotlinie

△ *Öffnungszeiten:* Die Öffnungstermine erfragt man beim Fremdenverkehrsamt, Telefon 0 03 33/87 06 16 16.

∞ *Eintrittspreise:* Erwachsene 35,00 FF (etwa 10,00 DM)
Kinder 20,00 FF (etwa 6,00 DM)

☆ *Einkehrmöglichkeiten:*
in Bitsch

▭ *Kartenempfehlungen:*
Topographische Karte 1 : 100 000 „Strasbourg - Forbach“
Carte des Vosges 1 : 50 000 „Vosges du Nord“
beide vom Institut Géographique National, Paris
Generalkarte 1 : 200 000 „Vogesen/Elsaß“

In das Innere der Erde ❷

Ein Besuch des Schaubergwerks „Erzgrube Nothweiler"

Etwa 400 Jahre lang war ein mehr oder weniger intensiver Bergbau auf Eisenerz zwischen der heutigen französischen Grenze und der Burg Berwartstein im pfälzischen Wasgau im Gange. Herzog Johann I. von Pfalz-Zweibrücken erteilte im Jahr 1582 die Erlaubnis, am Kolbenberg bei Nothweiler nach Eisenerz zu schürfen. Die hier abgebauten Erze wurden in das nahe Schönau gebracht, wo sie in der herzoglichen Eisenhütte verarbeitet wurden.

Kriegerische Ereignisse führten im Bergbau immer wieder zu längeren Unterbrechungen. 1838 ließ Freiherr Ludwig von Gienanth, der auch die Eisenhütte in Schönau übernommen hatte, erneut die Erzgrube Nothweiler „auffahren", wie es in der Bergmannssprache heißt. Nachdem die Schönauer Hütte 1883 wegen der ausländischen Billigkonkurrenz ihren Betrieb eingestellt hatte, kam auch das Aus für die Nothweiler Grube. Der Grubeneingang verstürzte. Lediglich ein 1911 errichteter „Ritterstein" des Pfälzerwald-Vereins hielt die Erinnerung daran wach, bis in den Jahren 1976 und 1977 Bürger aus Nothweiler in freiwilliger Arbeit die Erzgrube wieder zugänglich machten.

Für den Besucher sind derzeit 420 Meter Stollen erschlossen. Sie wurden damals noch ohne Verwendung von Sprengstoff und nur mit Schlegel und Eisen vorgetrieben. Pro Tag schafften die Bergleute nur etwa einen Meter Vortrieb. Höhlenforscher entdecken und erkunden immer wieder neue Gänge, die bisher unbekannt waren. Die Lufttemperatur im Berg beträgt konstant 9° Celsius.

Die sachkundige Führung durch die **Erzgrube Nothweiler** dauert etwa 35 Minuten. Bevor man den Stollen betritt, grüßt der Führer die Besucher mit einem herzlichen „Glück auf!". Dann geht es 80 Meter durch einen nur mannsbreiten Gang in das Berginnere und schon ist man an der ersten Verzweigung und zugleich an der ersten Förderstelle. Besondere körperliche Anforderungen wurden an die Bergleute gestellt, die selten älter als 35 Jahre wurden. Das Erz mußte über Kopf abgebaut werden. Sicherheitshelme gab es damals noch nicht, die den Bergmann vor herabstürzenden Gesteinsmassen schützen konnten.

Nach wenigen Metern ist man am 40 Meter tiefen *Förderstollen.* Hier wurde das Erz hinuntergeschüttet. Unten folgte abermals ein weiterer 40 Meter tiefer Stollen. Das Erz wurde dann ebenerdig zu Tage gebracht zur Erzwäsche neben dem Stollenmund und anschließend zum Pochwerk, wo es zur Verhüttung zerkleinert wurde.

Eingang in die Erzgrube Nothweiler

Bald darauf kommt man zu einer *Zisterne*. Sie diente der Versorgung der Bergleute mit Trinkwasser, die täglich bis zu zehn Stunden unter Tag arbeiten mußten. Sie liefert auch heute noch ein ausgezeichnetes Wasser, das der Trinkwasserverordnung entspricht. Immer wieder zweigen Seitengänge ab. Sie waren Zugänge zu weiteren Abbaustrecken oder auch Suchstollen zur Erschließung neuer Erzgänge. In den folgenden Weitungen zeigt der Führer Erzvorkommen in allen Farbschattierungen zwischen gelb und dunkelrot. Hier steht auch der äußerst seltene Rotsand an, der früher zur Herstellung von Farben diente.

Im *„großen Dom"* erreichte der Überkopfabbau eine Höhe von 15 Metern. Die Bergleute mußten hier auf Gerüsten arbeiten. Gleich daneben befindet sich der „Wetterschacht". Er diente zur Belüftung des Bergwerks und endet auch heute noch oben an der Erdoberfläche. Durch den 1983 „aufgewältigten" Herzog-Johann-Stollen „fahren" die Besucher aus und kommen etwa hundert Meter unterhalb des Zechenhauses wieder an das Tageslicht.

Wer ein Andenken sucht, findet hier eine Riesenauswahl von Mineralien und Kristallen sowie Grubenlampen.

▷ *Wie kommt man nach Nothweiler?*
B 427 (Kandel – Hinterweidenthal) bei Erlenbach bei Dahn verlassen, über Erlenbach und Niederschlettenbach nach Nothweiler. Die Zufahrt zum Parkplatz ist mit „Erzgrube" ausgeschildert.

○ *Weglänge:* Vom Parkplatz zur Erzgrube und zurück etwa 2 km.

Besucherbergwerk Eisenerzgrube Nothweiler

△ *Öffnungszeiten:*	1. April bis 31. Oktober: dienstags bis sonntags sowie feiertags	10.00 – 18.00 Uhr
	November bis März nach Vereinbarung	
∞ *Eintrittspreise:*	ohne Gästepaß	
	Erwachsene	4,00 DM
	Kinder bis 14 Jahre	1,50 DM
	Gruppen ab 12 Personen	3,50 DM
	mit Gästepaß	
	Erwachsene	3,50 DM
	Kinder bis 14 Jahre	1,00 DM

Telefon Bergwerk: 0 63 94/53 54

★ *Auskünfte:*
Tourist-Information Dahner Felsenland, Schulstraße 29, 66994 Dahn, Telefon 0 63 91/58 11

☆ *Einkehrmöglichkeiten:*
Kiosk im Zechenhaus der Erzgrube
Gaststätten in Nothweiler

▭ *Kartenempfehlungen:*
Topographische Karte 1 : 25 000 „Dahn und Umgebung mit elsäss. Grenzgebiet“
TOP-STERN-Wander- und Erlebniskarte 1 : 50 000 „Naturpark Pfälzerwald“

Ein Wolkenkratzer im Mittelalter?

❸

Wanderung von Nothweiler zum Fleckenstein

Nothweiler, ein hochgelegenes Dörfchen in der Südpfalz, abseits vom Durchgangsverkehr und unmittelbar an der französischen Grenze gelegen, soll der Ausgangspunkt dieser Wanderung sein. In der Ortsmitte der schmucken Gemeinde erinnert der Zeppelinbrunnen daran, daß der Kavallerieleutnant Graf Ferdinand von Zeppelin (der spätere Erfinder des Luftschiffs) im Jahr 1870 nach einem verwegenen Erkundungsritt im Feindesland hier seine Pferde zum erstenmal tränkte.

Unweit von Nothweiler erhebt sich jenseits der Grenze eine großartige Burgruine, der Fleckenstein. Er war wohl die interessanteste und kühnste Burg weit und breit. Auf zahlreichen Stichen wurde er dargestellt und soll das Aussehen eines Wolkenkratzers gehabt haben. Von Historikern wurde immer wieder behauptet, diese Darstellung sei „künstlerisch überhöht". Doch muß man wissen, daß die Maler in früheren Jahrhunderten „nach der Natur" malten. Sie konnten es sich gar nicht leisten, etwas anders darzustellen, als es wirklich aussah. Der Burgfelsen ist heute immer noch 52 Meter hoch und wurde damals vom Bergfried noch um viele Meter überragt. Der Burgfelsen ist 92 Meter lang und 12 Meter breit. Auch heute sind die Reste der Burg noch sehr beeindruckend. Unschwer kann man sich vorstellen, welchen Eindruck die Burg erst im Mittelalter beim Beschauer hinterließ.

Der Fleckenstein war unter vollkommener Ausnützung des anstehenden Felsens in und um ihn herum gebaut. Seine Besitzer, die Herren von Fleckenstein, waren das einflußreichste und eines der wohlhabendsten Niederadelsgeschlechter im nördlichen Elsaß. Sie blieben bis zu ihrem Aussterben im Jahr 1720 im Besitz der im 11. Jahrhundert erbauten Burg. Im Niederländischen Erbfolgekrieg wurde sie 1680 durch den französischen General Montclar zerstört und ist seitdem eine Ruine.

Und nun geht's los! Und zwar von der Ortsmitte von *Nothweiler* (280 Meter) auf der „Lembacher Straße" in südliche Richtung. Nach wenigen hundert Metern sind wir bereits an der deutsch-französischen Grenze und finden hier die Markierung *rotes Kreuz,* mit der wir, jetzt in Frankreich, sanft ansteigend im Litschbachtal weiterwandern. Kurz nach dem Forsthaus Litschhof gelangen wir zur Wegespinne *Col de Litschhof* (330 Meter). Hier wechseln wir die Markierung. Mit dem *blauen Punkt* folgen wir halbrechts dem Sträßchen

Die Burgruine Fleckenstein erfreut sich bei Kindern großer Beliebtheit

zum *Gimbelhof* (341 Meter). Mit dem Wegzeichen *rot-weiß-rot* wandern wir nach rechts durch eine Senke zum vor uns aufragenden **Fleckenstein** (370 Meter).

Wenn man den großen, inneren Burghof betritt, fallen sofort die im Burgfelsen verlaufenden Rinnen auf. Sie dienten zum Sammeln von Regenwasser in einer Zisterne, die in Notzeiten auch zur menschlichen Trinkwasserversorgung herhalten mußte. Im oberen Burghof sieht man einen Tretradkran, dessen Laufrad mittels menschlicher Kraft in Bewegung gesetzt wurde. Daneben befindet sich einer von vielen Brunnen und Zisternen auf der Burg, ein Zeichen, wie wichtig eine gesicherte Wasserversorgung für die Bewohner der Burg war.

An der Südwestecke der Burg ragt ein einzeln stehender Felskoloss auf, der ebenfalls in den Burgenbau integriert war. Er kann über eine innere Wendeltreppe bestiegen werden. Der innerste Burgkern war nochmals mit einer Zugbrücke abgesichert. Der Burgfelsen ist durchzogen von geheimnisvollen Gängen und Treppen. Kleine Kammern und größere Säle wurden in den Fels gemeißelt. Hier gibt es für Kinder viel zu erkunden. In einem kleinen *Museum* sind Funde aus den Ausgrabungen zu sehen, überwiegend Gegenstände des täglichen Gebrauchs.

Den Rückweg treten wir auf den gleichen Wegen an, auf denen wir hergekommen sind: Am Fleckensteinerhof vorbei zum gastlichen „Gimbelhof" (Einkehrmöglichkeit), parallel zur Straße zum Col de Litschhof und am Litschhof vorbei zurück nach *Nothweiler.*

▷ *Wie kommt man nach Nothweiler?*
B 427 (Kandel – Hinterweidenthal) bei Erlenbach bei Dahn verlassen, dann über Erlenbach und Niederschlettenbach nach Nothweiler.

○ *Weglänge:* hin und zurück etwa 8 km.

Burgruine Fleckenstein

△ *Öffnungszeiten:*	15. März bis Ende April und 15. Oktober bis 11. November täglich	10.00 – 17.00 Uhr
	Mai bis 14. Oktober täglich	10.00 – 18.00 Uhr
∞ *Eintrittspreise:*	Erwachsene	10,00 FF oder 3,20 DM
	Kinder 6 bis 12 Jahre	5,00 FF oder 1,60 DM

☆ *Einkehrmöglichkeiten:*
Kiosk vor der Burgruine Fleckenstein; im Gimbelhof und in Nothweiler

▭ *Kartenempfehlungen:*
Topographische Karte 1 : 25 000 „Dahn und Umgebung mit elsäss. Grenzgebiet“
TOP-STERN-Wander- und Erlebniskarte 1 : 50 000 „Naturpark Pfälzerwald“

Einfach nur Radfahren ... ❹

Mit dem Fahrrad auf dem deutsch-französischen Rheinauenweg

Warum nicht einfach nur Radfahren abseits vom großen Verkehr? Der deutsch-französische Radwanderweg durch die Rheinauen auf beiden Seiten des Rheins macht es möglich. Er verläuft ortsfern auf der linken Rheinseite zwischen Neuburg in der Südpfalz und der Staustufe Iffezheim und rechts des Rheins bis Neuburgweiher. Die Gesamtlänge des Radweges beträgt 56 Kilometer. Die Strecke ist „bretteleben".

Zwei Rheinfähren und zwei Rheinbrücken ermöglichen es, daß man je nach Lust und Laune den gesamten Weg in kurze Abschnitte unterteilen kann. Der kürzeste mögliche **Rundweg** ist nur 8 Kilometer lang, wenn man die Strecke zwischen der Staustufe Iffezheim und der Rheinbrücke Beinheim-Wintersdorf wählt. Von der gleichen Rheinbrücke bis zur Fähre Seltz-Plittersdorf und zurück sind es 15 Kilometer. Wenn man die Gesamtstrecke fahren will, muß man daran denken, daß dies nur am Wochenende möglich ist, da die Rheinfähre Neuburgweiher–Neuburg nur von Freitagmittag bis Sonntagabend verkehrt und das nur vom 1. April bis zum 1. November. Auch den Einstieg in den Radweg kann man selbst wählen.

Auf der französischen Seite verläuft der Weg überwiegend auf rot eingefärbtem Asphalt, auf der deutschen Seite teils auf asphaltierten Wegen und zum größten Teil auf dem fein geschotterten Rheindamm.

Auf dem Weg radelt man durch stille Auwälder, an Altrheinarmen und riesigen Baggerseen entlang. Nicht alle sind geeignet, um daran zu spielen. Dafür kann man auf diesem Weg überall Wasservögel beobachten, wie den Graureiher oder, etwas seltener, den Kormoran. In den Wintermonaten bekommt man mit ein wenig Glück leibhaftige Adler zu Gesicht, wie den Fischadler. Kinder wird es interessieren, wie die Rheinstaustufe Iffezheim funktioniert und wie das vor sich geht, wenn Schiffe in die Schleuse ein- und ausfahren.

Hier wird die Gesamtstrecke beschrieben und zwar von Neuburg über die Staustufe Iffezheim nach Neuburgweiher. Als Ausgangspunkt wählen wir die *Anlegestelle der Fähre bei Neuburg* in der Südpfalz. Von dort geht es etwa 1,7 Kilometer auf der Landesstraße in Richtung Berg (südlich) und am Beginn der langgezogenen Rechtskurve geradeaus in den Radweg. Er verläuft anfangs am Fuß, dann auf der Dammkrone des Rheindamms. Ohne es zu merken, passieren wir die deutsch-französische Grenze.

Beim Restaurant „Au Bord du Rhin“ fahren wir rechts ab und nach dem Bahngeleis nach links. Wir radeln am *Hafen* des Elsaßstädtchens *Lauterbourg* entlang und biegen hinter dem Kieswerk nochmals links ab. Dann geht es wieder auf dem Hochwasserdamm weiter. Nach kurzer Zeit sehen wir rechts das Dorf *Mothern* liegen und bald danach fahren wir am Rande des schmucken Fischerdörfchens *Munchhausen* entlang. Über die Brücke nach links, sind wir bald wieder im Reich der stillen Baggerseen und Altrheinarme. Außer den Stimmem der Vögel ist hier kaum ein Geräusch zu hören.

Nach etwa 18 Kilometern sind wir an der Anlegestelle der *Fähre Seltz-Plittersdorf.* Hier könnte man zum erstenmal die Strecke abkürzen. Nach dem Umrunden weiterer Baggerseen gelangen wir zur Rheinbrücke Beinheim-Wintersdorf, wo eine weitere Möglichkeit zum Abkürzen besteht. Bald umrunden wir einen Jachthafen, fahren am Zaun der ehemaligen Zollgrenzstelle entlang nach rechts (hier: Kiosk) und auf der Straße wieder nach links zur *Staustufe Iffezheim,* auf der der Rhein überquert wird.

Jetzt heißt es aufpassen! Nach dem letzten Rheinnebenarm müssen wir rechts die Straßenböschung hinunter. Wir unterqueren den Straßendamm und fahren in nördlicher Richtung weiter. Gleich darauf radeln wir auf einer sehr ruhigen Kreisstraße zur *Brücke Wintersdorf-Beinheim.* Nach der Brücke geht es halbrechts auf dem Hochwasserdamm weiter und nicht direkt am Rheinufer. Bald liegt rechts von unserer Route die Gemeinde Ottersdorf. Weg durch *Plittersdorf:* Bei der Brücke links um das Gasthaus „Anker“, dann auf dem Damm weiter, anschließend rechts durch die „Lange Straße“, an ihrem Ende rechts ab und auf dem folgenden Weg nach links weiter.

Draußen in der Flur, wo der Weg in gerader Richtung endet, geht es nach rechts am Riedkanal entlang, auf der Landesstraße nach links und auf dem Damm der kanalisierten *Murg* nach links am Rande von Steinmauern entlang. Später verläuft unser Radweg nochmals etwa 700 Meter auf einer Kreisstraße, um vor dem *Schöpfwerk* nach rechts abzubiegen. Bis zur *Rheinfähre bei Neuburgweiher-Neuburg* verbleiben wir auf dem Rheindamm, wobei wir die Dörfer Elchesheim-Illingen und Au am Rhein rechts liegen lassen.

Diese Beschreibung der Gesamtstrecke des deutsch-französischen Radwanderweges „Rheinauen“ mag vielleicht etwas kompliziert klingen. Haben sie keine Angst. Der Verlauf ist in der Natur gut gekennzeichnet.

Zum Schluß noch einiges Wissenswertes: Der **Rhein,** die wichtigste Schiffahrtsstraße in Mitteleuropa, ist von seiner Quelle in den Schweizer Hochalpen bis zu seiner Mündung bei Rotterdamm in den Niederlanden 1 320 Kilometer lang. Davon sind etwa 883 Kilometer schiffbar. Zwischen 1817 und 1876 wurde er zwischen Basel und

Mainz nach den Plänen des badischen Ingenieurobersten Johann Gottfried Tulla begradigt und auf fast ein Drittel seiner ursprünglichen Länge gekürzt. Übriggeblieben sind Hunderte von Altrheinarmen, von denen viele schon verlandet sind. Als Tulla im Jahr 1828 in Paris starb, hatte er zumindest den Beginn seines Lebenswerkes erlebt.

Das frühere Fischer- und Schifferdorf **Neuburg** lag ursprünglich auf der rechten Rheinseite und besaß Stadtrechte, bis sich der Rhein im Jahr 1592 nach einem schweren Unwetter einen neuen Lauf suchte. Eine Zeit lang lag der Ort auf einer Insel, bis der alte Rheinarm verlandete. Seither liegt das schmucke Fachwerkdorf auf der linken Rheinseite.

Das elsässische Grenzstädtchen Lauterb(o)urg geht auf die römische Ansiedelung „Tribunci" zurück. Im Hochmittelalter zur Stadt erhoben, wurde Lauterburg im 13. und 14. Jahrhundert mit einer Mauer und 14 Türmen befestigt, wovon nur noch der Metzgerturm erhalten blieb. Gegen Ende des 17. Jahrhunderts wurde das Städtchen durch den französischen Festungsbaumeister Vauban zu einer Festung umgebaut. Davon sind noch das „Landauer Tor", die Hochbatterie und das Pulvermagazin zu sehen.

Mitten durch die Hauptstraße des elsässischen Fachwerkdorfes Mothern fließt ein Kanal, auf welchem früher Fischerboote bis in die Ortsmitte fahren konnten.

▷ *Wo kann man in den Rheinauen-Radweg einsteigen?*
Linksrheinisch: Neuburg/Pfalz, Lauterbourg, Mothern, Munchhausen, Seltz, Beinheim und Roppenheim. Rechtsrheinisch: Neuburgweiher, Au am Rhein, Elchesheim-Illingen, Steinmauern, Plittersdorf, Wintersdorf und Iffezheim.

○ *Weglänge:* zwischen 8 und 56 km

△ *Fahrzeiten der Fähren:*

Neuburg-Neuburgweiher:	1. April bis 1. November	
	freitags	13.00 – 20.00 Uhr
	samstags, sonn- und feiertags	10.00 – 20.00 Uhr
Seltz-Plittersdorf:	März bis Oktober	
	montags bis freitags	6.30 – 20.00 Uhr
	samtags, sonn- und feiertags	6.30 – 22.00 Uhr
	November bis Februar täglich	6.30 – 19.00 Uhr

∞ *Fahrpreise:*
Neuburg-Neuburgweiher:

	Erwachsene	2,00 DM
	Kinder 3 bis 14 Jahre	1,00 DM
Seltz-Plittersdorf:		kostenlos

☆ *Einkehrmöglichkeiten:*
in den umliegenden Dörfern;
Kiosk auf der französischen Seite am Grenzübergang bei der Staustufe Iffezheim

★ *Auskünfte und Informationsmaterial:*
PAMINA, L'Ancienne Douane (im alten Zollhaus),
F-67630 Lauterbourg
Fremdenverkehrsamt Rastatt, Telefon 0 72 22/9 72 46 63 (Fähre Neuburg-Neuburgweier)
Gemeinschaftsinformation Rheinstetten, Telefon 07 21/9 51 40 (Fähre Seltz-Plittersdorf)

▭ *Kartenempfehlung:*
TOP-STERN-Radwanderkarte 1 : 50 000 „Rastatt und Baden-Baden", Pietruska Verlag, Rülzheim

Das andere Automuseum ❺

Ein Besuch im Fahrzeugmuseum Marxzell

Um den folgenden Vorschlag zu verwirklichen, muß man sich schon etwas weiter außerhalb des Elsaß begeben. Doch bleibt man immer noch in der PAMINA-Region (Pfalz, Mittlerer Oberrhein, Elsaß), die gemeinsam für solche Projekte wirbt. Als Ergänzung und Gegenpol zum Automuseum in Mühlhausen (Mulhouse, siehe Kapitel 34) ist es auf jeden Fall einen Besuch wert.

Ein Fahrzeugmuseum, in dem nicht alles hochglanzpoliert und toprestauriert präsentiert wird, und das trotz allem bei Kindern und Erwachsenen Freude und Entzücken hervorruft, findet sich in Marxzell, auf halbem Weg zwischen Ettlingen und Bad Herrenalb. Wenn man sich das richtige Wochenende aussucht, kann man stilgerecht mit dem Dampfsonderzug anreisen. Er verkehrt auf der Albtalbahn zwischen dem Bahnhof Ettlingen Stadt und Bad Herrenalb. Ansonsten tun es auch die Triebwagen der Albtalbahn.

Warum in der ehemaligen Marxzeller Mühle Fahrzeuge anders präsentiert werden als vielerorts üblich, hängt mit der Entstehungsgeschichte dieses Museums zusammen und mit der Tatsache, daß es bisher keinerlei Förderung mit öffentlichen Mitteln erhalten hat. Ganz im Gegenteil, man hat den Besitzern so manchen Knüppel, um nicht zu sagen, Baumstamm, zwischen die Beine geworfen.

Oldtimerschau im Fahrzeugmuseum Marxzell

In den Jahren nach dem 2. Weltkrieg begann Bernhard Reichert alte Autos, Motorräder, Fahrräder, Nähmaschinen und vieles, vieles andere zu sammeln. Man kann es so formulieren: Er war ein geradezu besessener Sammler. Viele Fahrzeuge stöberte er unter Gerümpel in Scheunen auf, oft in einem total verdreckten und vergammeltem Zustand. Bernhard Reichert und seine Frau Klara konnten 1968 ihr Museum eröffnen.

Da private Mittel nicht dazu ausreichen, die Fahrzeuge alle zu restaurieren, werden sie oft so gezeigt, wie sie aufgefunden wurden. Das soll nicht heißen, daß die Fahrzeuge in vergammeltem Zustand zur Schau gestellt werden. Es soll nur um Verständnis gebeten werden, warum nicht alles glänzt und glitzert. Trotzdem findet man hier so manches Prachtsück, sogar Unikate (Einzelstücke). Die „neuen" Autos, also alles, was nach dem 2. Weltkrieg gebaut wurde, sind in der „Neuen Halle" untergebracht. Darunter entdeckt man so manches legendäre Fahrzeug, wie den Porsche 356, den Adenauer-Mercedes oder den Alpha Romeo Spider. Dazu kommen die Kleinwagen der 50er Jahre.

Schon draußen vor dem Museum erwartet den Besucher bereits die Nostalgie. Straßenbahnen, Lokomotiven, Straßenwalzen, ein russischer Düsenjäger und Dampfmaschinen stehen anscheinend wahllos herum.

Drinnen herrscht Enge, besonders, wenn viele Besucher da sind. Man schlüpft zwischen Fahrrädern herum, darunter so manches Veloziped, wie man im 19. Jahrhundert die Hochräder nannte, deren Fortbewegung fast artistisches Können voraussetzte. Eine beachtliche Zahl von Motorrad-Raritäten steht hier aufgereiht mit und ohne Seitenwagen, Marken, die oft nur noch der geschichtskundige Fachmann kennt. Da erblickt man Kuriositäten, wie die Megola, Baujahr 1922, die mit einem 5-Zylinder-Flugzeug-Sternmotor im Vorderrad ausgerüstet und teilweise verkleidet ist. Dazwischen entdeckt man Absonderliches, wie ein ausgestopftes Kalb mit zwei Köpfen und sechs Beinen, das auf einem „Holzvergaser-Pkw" steht, oder eine Teddybärenschule auf dem Rücksitz eines alten Plymouth.

In einem gesonderten Raum stehen mechanische Musikinstrumente, auch darunter große Seltenheiten. Neben den lochstreifengesteuerten Klavieren oder besser gesagt: darüber sieht man uralte Radiogeräte vom Detektorradio aus der Pionierzeit des Rundfunks bis zur „Göbbelsharfe" aus dem Dritten Reich. In diesem Raum führt die Seele des Museums, die Seniorchefin Klara Reichert, zur Freude der großen und kleinen Besucher uralte Filme vor. Einer befaßt sich mit der Geschichte des Automobils, ein anderer präsentiert den amerikanischen Filmkomiker der 30er Jahre, W. C. Fields, in einer seiner Paraderollen. Der Film zeigt schon beachtliche Abnutzungserscheinungen, auch der Ton macht nicht mehr so richtig mit, und trotzdem ruft er immer wieder bei jung und alt großes Entzücken hervor.

Unter den ausgestellten Fahrzeugen entdeckt man so manchen legendären Typ, wie den BMW Dixi, das Hamomag „Kommißbrot", den Opel „Laubfrosch" oder den Adler Junior Sport. Auch bei den „Kraftwagen" gibt es zahlreiche Marken, die nur noch einigen Opas oder Oldtimer-Fachleuten bekannt sind, wie Adler, Wanderer, Horch und DKW. Beachtlich ist die Sammlung der englischen Nobelmarke Rolls Royce. Fahrtüchtige Exemplare kann man sich für besondere Anlässe ausleihen.

Es handelt sich hier nicht einfach um ein Auto- oder Fahrzeugmuseum, wie der Name sagt. Zu den Fahrzeugen in weiterem Sinne könnte man noch die Sammlung von Feuerwehrspritzen, historischen Kutschen, Kinderwagen, Puppenwagen, Kindertretautos, „Holländer" und Schlitten zählen. Nähmaschinen, Puppenstuben oder ein durch ein Gewicht angetriebenes Gasthaus-Orchestrion zählen auch im weitesten Sinn nicht mehr zu den Fahrzeugen, ebensowenig wie alte Lampen oder Puppen.

Die Vielfalt des hier Gebotenen ist geradezu überwältigend. Man erlebt es dort tagtäglich, daß Väter auf die Fragen ihrer Sprößlinge in Erklärungsnot geraten. Keine Angst, Frau Reichert kann alles erklären und tut das auch recht gerne in ihrer ureigenen, von trockenem Humor gewürzten Art. Auch bei mehrfachem Besuch des Museums entdeckt man immer wieder „Neues", das man zuvor wegen der Fülle des hier wortwörtlich Aufgestapelten einfach übersehen hat.

Alles in allem bleibt einem das Fahrzeugmuseum Marxzell in guter Erinnerung, obwohl oder gerade, weil nicht alles so perfekt dargeboten wird.

▷ *Wie kommt man nach Marxzell?*
Mit der Bahn: Marxzell ist mit der Albtalbahn von Karlsruhe Hauptbahnhof in Richtung Bad Herrenalb zu erreichen.
Mit dem Auto: Marxzell liegt zwischen Ettlingen und Bad Herrenalb. Das Fahrzeugmuseum befindet sich direkt an der Durchgangsstraße.

Fahrzeugmuseum Marxzell

△ *Öffnungszeiten:*	täglich	14.00 – 17.00 Uhr
∞ *Eintrittspreise:*	Erwachsene	5,00 DM
	Jugendliche 15 bis 18 Jahre und Studenten	4,00 DM
	Kinder 6 bis 14 Jahre	3,00 DM
	Kinder unter 6 Jahren	frei

★ *Auskünfte:*
Fahrzeugmuseum 76359 Marxzell, Telefon 0 72 48/62 62

Historische Dampfzüge

★ *Auskünfte:*
Bahnhof Ettlingen Stadt der AVG, Telefon 0 72 43/1 81 16 oder im Kursbuch/Taschenfahrplan der Deutschen Bahn AG

☆ *Einkehrmöglichkeiten:*
Mehrere Gaststätten im Umkreis des Museums

▭ *Kartenempfehlung:*
Generalkarte 1 : 200 000, Blatt 21

Der Finger Gottes ❻

In der Straßburger Altstadt

Ich erinnere mich noch sehr gut. In meiner Kindheit hat uns unser Pfarrer immer erklärt, der Turm der Kirche sei der „Finger Gottes". Es gibt kaum eine Kirche, bei der diese Symbolik augenfälliger ist, als beim Straßburger Münster. Dadurch, daß von zwei geplanten Türmen nur einer verwirklicht wurde, wirkt die Kirche auf den Beschauer wie eine geballte Faust mit dem zum Himmel erhobenen Finger.

Wie bei den meisten Großkirchen Europas, so wurde auch am Straßburger Münster jahrhundertelang gebaut, und es wurde nie fertig! Und wie die Bürger anderer freier Reichsstädte, so wollte auch das Straßburger Bürgertum mit seiner Kirche seine Macht und seinen Reichtum dokumentieren. Und man hat sich dabei, wie auch andernorts, finanziell übernommen. Geldmangel hat den Bau mehrfach verzögert, wenn nicht gar unterbrochen. Wie schon gesagt, das Münster wurde nie fertig, wie man auf den ersten Blick sieht: Der zweite geplante Westturm wurde nie gebaut; an seiner Stelle befindet sich heute die Aussichtsplattform.

Die ältesten, heute noch sichtbaren Teile des Münsters gehen auf das Jahr 1015 zurück. Nach einem Brand im Jahr 1076 wurde mit einer tiefgreifenden Veränderung des Kirchenbaus angefangen, die erst 1275 abgeschlossen wurde. Zwei Jahre später begann der Bau der Westfassade. Meister Erwin, den man heute Erwin von Steinbach nennt, gab der Westseite des Münsters das Aussehen, das die Kirche bis heute so eindrücklich prägt. Der charakteristische Turm mit seiner durchbrochenen Spitze wurde erst 1439 fertiggestellt. Seine mariengekrönte Kreuzblume auf der Turmspitze befindet sich in 142 Metern Höhe.

Was ist das für eine Stadt, die sich solch einen kirchlichen Prachtbau leistete oder leisten wollte? Schon die Römer begannen den einstigen keltischen Gauhauptort zu befestigen, nachdem sie in der Mitte des ersten vorchristlichen Jahrhunderts das Gebiet des heutigen Elsaß erobert hatten und nannten die Stadt „Argentorate". 406 wurde sie von den westwärts drängenden Alemannen erobert und 451 von den Hunnen zerstört.

Schon die frühen fränkischen Könige, wie der um 498 in Reims christlich getaufte Chlodwig I., verhalfen der Stadt, den Anschluß an ihre frühere Bedeutung wieder zu finden. Im 6. Jahrhundert verdrängte die Bezeichnung „Stratisburgo" allmählich den römischen Stadtnamen. Um 1200 zur Reichstadt erhoben, verlieh ihr König Rudolf von Habsburg im Jahr 1275 das Privileg einer freien Reichstadt.

Einen tiefen Einschnitt für die Stadt bedeutete die Besetzung durch die Truppen des „Sonnenkönigs" Ludwig XIV. im Jahr 1681, der Straßburg 1697 Frankreich einverleibte. In der Folge von drei Kriegen zwischen 1870 und 1945 mußten die Straßburger fünfmal ihre Staatsangehörigkeit ändern. Heute beherbergt Straßburg das Europaparlament und ist „Europastadt".

Einen tiefen Einschnitt anderer Art bedeutete für viele Straßburger, daß zu Beginn der 90er Jahre die Altstadt für den Verkehr weitgehend gesperrt wurde. Was anfangs die Emotionen hochwallen ließ, hat sich im Nachhinein für die Hunderttausende von Besuchern als Segen erwiesen. Neugebaute Straßenbahnlinien mit futuristisch anmutenden Fahrzeugen und neue Buslinien erschließen die Altstadt. Vom weit außerhalb liegenden Hauptbahnhof erreicht man das Stadtinnere bequem mit Bussen. Aus der deutschen Nachbarstadt Kehl kann man ohne umzusteigen bis in die Nähe des Münsters fahren. Übrigens: Seit 1. März 1997 ist Straßburg aus der Pfalz wieder direkt mit der Bahn zu erreichen.

Wer dennoch mit dem Auto anreist, benutzt am besten die Abfahrt „4" auf der Autobahn A 4 mit der Wegweisung zum *Place de l'Etoile"*. Von diesem Platz am Rande der Altstadt sind es zu Fuß 10 bis 15 Minuten zum Münster: Durch die breite „Rue de la 1ère Armée" und rechts in einem Bogen durch die „Rue des Bouchers" und schon ist man dort (Wegweiser „Cathedrale"). Unmittelbar an der Ill kommt man am repräsentativen *Renaissancebau des Historischen Museums* vorbei.

Was die Kinder am meisten reizt, ist der Aufstieg zur 60 Meter hoch gelegenen Aussichtsplattform des **Münsters.** Während die meisten Erwachsenenen keuchend und schwitzend den Aufstieg hinter sich bringen, erklimmen die Kinder anscheinend mühelos die 330 Treppenstufen der engen Wendeltreppe. Vor dem Genuß der Aussicht passiert man das Turmhaus. Hier befindet sich das alte Läutewerk für die heute elektrisch betätigten Glocken. Es besteht aus riesigen hölzernen Laufrädern, in denen die Glöckner laufen mußten, um das Geläut ertönen zu lassen. Daneben kann das komplizierte Räderwerk der riesigen Turmuhr bestaunt werden. In ihrer heutigen Ausführung stammt sie zwar „erst" von 1922, doch auch das ist für Kinder schon ein unvorstellbar hohes Alter.

Draußen ist man überwältigt von der Aussicht. Unten breitet sich das Häuser- und Dächermeer der mittelalterlichen Großstadt aus. Dabei entdeckt man, welche Vielfalt eine historisch gewachsene Stadt bietet, im Gegensatz zu modernen Städten. Bei klarem Wetter liegt im Osten der gesamte Schwarzwaldrand vor uns, im Westen breitet sich die Vogesenkette vor unseren Augen aus, und im Norden erblicken wir den Pfälzerwald.

Am Ufer der Ill

Doch, das alles ist für Kinder weniger verlockend als für Erwachsene. Der aus Sicherheitsgründen angebrachte Schutzzaun läßt ein früher beliebtes Spielchen nicht mehr zu: Wenn man einen warmen, sonnigen Tag erwischt hatte, verlockte das dazu, von hier oben aus kleine Papierflieger oder Papiertauben starten zu lassen. Der an der aufgewärmten Kirche entstehende Aufwind ließ sie minutenlang in der Luftströmung kreisen. Vielfach konnte man ein interessantes Schauspiel erleben: Aus den Schwärmen der ebenfalls im Aufwind kreisenden Mauersegler lösten sich immer wieder einzelne Vögel, die die papierenen Flugobjekte attackierten.

Ein Besuch der Kirche selbst ist für Erwachsene obligatorisch. Mehr als für das etwas düster wirkende Kircheninnere werden sich die Kinder für den komplizierten Mechanismus der *Astronomischen Uhr* interessieren. Sie wurde zwischen 1547 und 1574 von mehreren Meistern erschaffen und in den Jahren 1838 bis 1842 völlig erneuert. Die Erwachsenen werden mit Sicherheit einen Spaziergang durch die schmalen, alten Gassen folgen lassen. Herrliche Gebäude aus der Gotik (13. Jahrhundert) bis zum Barock (17./18. Jahrhundert) stehen hier dicht gedrängt, oftmals geschmückt von kunstvollen Erkern.

Die Kinder wird es mehr an das Ufer der *Ill* ziehen, die hier die Altstadt träge durchfließt. Für das Füttern der zahlreichen Schwäne sollte man rechtzeitig vorsorgen. Fasziniert bestaunen die Kleinen das Ein- und Ausfahren der Schiffe, meist Ausflugsboote, in die kleine hölzerne Schleuse und das fachliche Können der Schiffsführer, die zentimetergenau navigieren. Ein Stückchen weiter, mitten im malerischen Gerberviertel, gibt es eine weitere technische, museale Rarität: Eine kleine *Drehbrücke,* die immer dann geschwenkt werden muß, wenn ein Schiff passieren will.

Wenn man an der Ill weiter in westliche Richtung geht, gelangt man nach wenigen Minuten zu einem Überbleibsel des ehemaligen Festungsgürtels um die Stadt, einer alten *Schleusenbrücke.* Im Innern werden alte Bauteile des Münsters aufbewahrt, die bei Restaurierungsarbeiten ausgetauscht werden mußten.

Eine Fahrt mit einem der zahlreichen Ausflugsboote auf der Ill könnte einen erlebnisreichen Tag abschließen.

▷ *Wie kommt man nach Straßburg?*
Mit der Bahn: Aus der Pfalz über Wissembourg und aus dem Badischen über Kehl.
Mit dem Auto: Über die A 35/A 4, bzw. über die Europabrücke Kehl/Straßburg.

Aussichtsplattform des Münsters
△ *Öffnungszeiten:* täglich 9.00 – 17.30 Uhr

∞ *Eintrittspreise:*	Erwachsene	20,00 FF (etwa 6,00 DM)
	Jugendliche 5 bis 18 Jahre	10,00 FF (etwa 3,00 DM)
	Gruppenpreis ab 20 Personen	15,00 FF (etwa 4,50 DM)

Astronomische Uhr (Horloge astronomique)

△ *Öffnungszeiten:*	täglich	9.00 – 17.30 Uhr
∞ *Eintrittspreise:*	Personen ab 6 Jahren	5,00 FF (etwa 1,50 DM)
	Gruppenpreis ab 20 Personen	4,00 FF (etwa 1,20 DM)

▭ *Kartenempfehlungen:*
Generalkarte 1 : 200 000 „Vogesen/Elsaß" (mit Stadtplan)
Euro-Stadtplan 1 : 15 000 Straßburg, RV Verlag 33 331

Störche im Töpferdorf 7

Der Storchenpark in Betschdorf

Das langgestreckte **Fachwerkdorf Betschdorf** ist weit über das Elsaß hinaus für seine Töpferwaren bekannt und berühmt. Seit mehr als 550 Jahren wird hier Keramik hergestellt. Den Grundstoff dazu, den Ton, holte man früher aus dem nahen Hagenauer Forst, dem Heiligen Forst, wie er früher auch genannt wurde. Während man jahrhundertelang nur Gebrauchsgeschirr herstellte, begann gegen Ende des 19. Jahrhunderts ein Umdenken. Seitdem gewinnt das Kunsttöpfern und die Zierkeramik aus Betschdorf immer mehr Freunde. Im

Töpfereien in Betschdorf werben für ihre Erzeugnisse

Das „Wappentier" des Elsaß

Zuge der Nostalgiewelle findet jetzt auch wieder das für das Unterelsaß typische Keramikgeschirr zunehmend seine Abnehmer. Hier sind es vor allem die bunten ovalen Töpfe verschiedener Größen, die man für die elsässischen Eintopfgerichte verwendet, wie den „Bäckaoffe".

Sowohl in Betschdorf, als auch im nahen, gegen den Rhein zu gelegenen Soufflenheim, gibt es eine ganze Reihe von **Töpfereien**, die man besichtigen und wo man dem Töpfer bei seiner Arbeit über die Schulter schauen kann. Ein weiterer Grund, zumindest für Erwachsene, Betschdorf zu besuchen, ist sein malerisches Dorfbild. Gut gepflegte Fachwerkhäuser, kleinere, große und prächtige, reihen sich fast nahtlos aneinander längs durch den drei Kilometer langen Ort.

Doch das wird weniger der Grund sein, warum man mit Kindern Betschdorf besucht. Da gibt es etwas ganz Neues. Während man im Oberelsaß bereits zu Beginn der 70er Jahre damit anfing Storchenaufzuchtstationen einzurichten, dauerte es im Unterelsaß ein wenig länger, obwohl auch hier der Storch spätestens seit den 70er Jahren nicht mehr brütete. In Betschdorf wurde nun ein hübscher, noch kleiner **Storchenpark** eingerichtet. In einem runden, geschlossenen Gehege leben die Jungstörche. Außerhalb des Geheges stehen die älteren Tiere auf einer Wiese. Sie könnten schon, wenn sie das wollten, das Weite suchen. Doch vorerst scheinen sie die Nähe der gesicherten Futterquelle zu lieben.

Der Storchenpark ist leicht zu finden. In der Ortsmitte von Betschdorf fährt man in südlicher Richtung durch die „Rue de la Poste", die von der Hauptstraße abzweigt. Wegweiser mit „Parc des Cigognes" (Storchenpark) leiten am ehemaligen Bahnhof vorbei zu den Freizeitanlagen. Hier gibt es auch einen großen **Kinderspielplatz.**

▷ *Wie kommt man nach Betschdorf?*
Zwischen Wissembourg und Haguenau zweigt die Straße nach Betschdorf von der D 263 ab; an der Abzweigung wird schon auf den „Parc des Cigognes" hingewiesen.

Storchenpark (Parc des Cigognes) und Töpfereien in Betschdorf
∞ *Eintritt:* frei

☆ *Einkehrmöglichkeiten:*
zahlreiche Gaststätten in Betschdorf

▭ *Kartenempfehlungen:*
Topographische Karte 1 : 100 000 „Strasbourg Forbach"
Carte des Vosges 1 : 50 000 „Vosges du Nord"
beide vom Institut Géographique National, Paris
Generalkarte 1 : 200 000 „Vogesen/Elsaß"

Die Stadt unter der Erde

8

Besuch des Artilleriewerks Schoenenbourg

Wenn man die Militäretats fast aller Länder der Erde betrachtet, muß man unwillkürlich zur Überzeugung gelangen, daß die militärische Rüstung das wichtigste Anliegen der Menschheit sei. Zu allen Zeiten haben sich Kriegs-(und Verteidigungs-)Minister der Illusion hingegeben, viel Geld für „unbesiegbare" militärische Einrichtungen ausgeben zu müssen. Zu gleicher Zeit wurden von der jeweiligen gegnerischen Seite Waffen und Systeme entwickelt, die diesen „unbesiegbaren" Einrichtungen überlegen waren. Daran hat sich bis heute nicht das Geringste geändert.

Das gleiche Schicksal hat auch die gigantische militärische Einrichtung ereilt, die nach dem französischen Kriegsminister benannt ist, der nur wenige Monate im Amt war, die Maginotlinie. Sie war eine Kette von gewaltigen Bunkersystemen, die sich entlang der französischen Grenze von Belgien bis zur Schweiz erstreckte. Sie sollte nach dem Willen und der Meinung der damaligen Politiker und Militärs den bisherigen und den noch zu entwickelnden Waffen der Deutschen standhalten.

Wozu solche kollossalen Aufwendungen nütze sind, die den französischen Staat und damit Volk und Wirtschaft mehrfach an den Rand des Ruins gebracht haben, zeigte der 2. Weltkrieg. Hitler umging die Maginotlinie. Dort, wo es doch zu Kampfhandlungen kam, zeigte es sich sehr schnell, daß die deutschen Waffensysteme im Stande gewesen wären, auch die Maginotlinie außer Gefecht zu setzen, wenn auch mit sehr großem Aufwand.

Während das deutsche Gegenbeispiel, der Westwall, auf einer großen Zahl von relativ kleinen, tief gestaffelten Bunkern basierte, bestand die Maginotlinie aus eine Reihe von Bunkersystemen. Jedes dieser Bunkersysteme war eine unterirdische Stadt für sich und erstreckte sich jeweils auf eine Fläche von vielen Quadratkilometern. Ein Beispiel dafür ist das **Artilleriewerk Schoenenbourg.**

Es kann als typischer Vertreter der französischen Festungswerke gelten. Es bestand aus einem großen Eingangswerk mit dem tief unter der Erde gelegenen „Wohn-" und Versorgungsbereich und den davon weit entfernten Kampfbunkern. Die Verbindung und Versorgung der Kampfbunker sowie der Transport der Soldaten wurde mit unterirdischen Schmalspurbahnen bewältigt.

In den beiden Schoenenbourger Eingangsbunkern befanden sich die Kasernen mit Küchen und Lazarett, Wasser-, Lebensmittel-, Munitions- und Kraftstoffvorräten für etwa sechs Monate. Oberirdisch war das Bunkersystem mit Schienenhindernissen „abgesichert",

Eingang zum Artilleriewerk Schoenenbourg

die ebenso unnütz waren, wie die deutschen Panzersperren, die aus Beton gebauten „Höckerlinien“. Die Bunker selbst bestanden aus 3,5 Meter dickem Eisenbeton.

Das Artilleriewerk Schoenenbourg wurde im Juni 1940 von deutscher Seite beschossen und entging nur durch mehrere glückliche Zufälle einer Außergefechtsetzung. Von hier wurden zwischen dem 14. und 25. Juni sage und schreibe 12 776 Granaten auf die deutschen Angreifer abgefeuert. Nach dem Krieg wurde das Werk zwischen 1950 und 1955 von der französischen Armee instandgesetzt. 1967 wurde die Maginotlinie aufgegeben. Einige wenige Bunkersysteme wurden vom Militär weiterhin betriebsfähig unterhalten, wie das Werk „Simserhof“ bei Bitsch (siehe Kapitel 1). Das Werk Schoenenbourg war dem Verfall und der Ausplünderung überlassen. Im Jahr 1982 bildete sich eine Vereinigung, deren Zweck es ist, dieses Werk der Nachwelt als anschauliches (und abschreckendes) Beispiel zu erhalten. Die Anlagen wurden instandgesetzt und soweit wie möglich ersetzt.

Bevor man den *Eingangsbunker* betritt, sieht man draußen einige der typischen Schmalspurwagen, die dem unterirdischen Transport gedient hatten. Mit dem Aufzug geht es in die Tiefe. Neben den Mannschaftsräumen, getrennt nach Dienstgraden (Soldaten, Unteroffiziere und Offiziere), Lazarett und den Räumen für die Bereichskommandanten, sind es die Versorgungseinrichtungen, die heute immer noch beeindrucken. Die Einrichtung der Küchen hätte auch noch in den 50er und 60er Jahren den Ansprüchen genügt. Sie bestanden aus elektrisch beheizten Edelstahlkochkesseln nach dem

Prinzip des Schnellkochtopfes, aus einem Bratofen für Fleisch, aus einem Wasserboiler, einer Kartoffelschälmaschine und zwei großen Kaffeemaschinen.

Im Motorensaal sieht man die großen Dieselmotoren, die in Kampfzeiten die Stromaggregate antrieben. Außerhalb der Kampfzeiten wurde der Strom aus dem öffentlichen Netz bezogen. Beeindruckend ist auch die Filterstation, wo sowohl die Frischluft als auch die Abluft gefiltert wurden.

Durch den mehr als einen Kilometer langen *Hauptstollen* sowie mehrere *Nebenstollen* gelangt man zu den *Außenwerken.* Dort befindet sich die 26 Tonnen schwere, aus 30 Zentimeter dickem Spezialstahl hergestellte Beobachtungskuppel und die ebenfalls stählernen *Panzertürme.* Sie konnten gehoben und gesenkt werden. Das geschah elektrisch und wenn der Strom ausgefallen war, konnte man die Türme von Hand betätigen. Wie leicht das geht, läßt man bei den Führungen gerne von Kindern demonstrieren, die sie problemlos heben und senken können.

Wenn auch der irrsinnige technische Aufwand und die hohe Präzision nach mehr als einem halben Jahrhundert allenthalben Bewunderung erregt, so muß man sich doch vor Augen halten, daß dies alles im Hinblick auf einen Krieg und somit gegen Menschen geschaffen wurde.

▷ *Wie kommt man zum Artilleriewerk?*
Aus den Richtungen Haguenau und Wissembourg auf der D 264. Zwischen Ingolsheim und Soultz-sous-Forêts leitet ein Sträßchen (Wegweiser: Ligne Maginot) zum Artilleriewerk.

Artilleriewerk Schoenenbourg

△ *Öffnungszeiten:*	März bis Juni sowie September und Oktober jeden 1. Sonntag im Monat sowie Ostern, Pfingsten und 1. Mai	9.00 – 16.00 Uhr
	Juli und August	
	sonn- und feiertags	9.00 – 16.00 Uhr
	werktags	14.00 – 16.00 Uhr
	Erklärungen in deutscher Sprache	
∞ *Eintrittspreise:*	Erwachsene	25 FF (etwa 8,00 DM)
	Kinder 4 bis 14 Jahre	15 FF (etwa 4,50 DM)
	Gruppenermäßigung	

★ *Auskünfte:*
Association des Amis de la Ligne Maginot d'Alsace,
Telefon 0 03 33/88 73 44 43

☆ *Einkehrmöglichkeiten:*

Auberge de la Ligne Maginot (in Richtung Schoenenbourg) sowie Gaststätten in Ingolsheim und Schoenenbourg

▭ *Kartenempfehlungen:*

Topographische Karte 1 : 100 000 „Strasbourg Forbach“
Carte des Vosges 1 : 25 000 „3814 ET Haguenau Wissembourg“
beide vom Institut Géographique National, Paris
Generalkarte 1 : 200 000 „Vogesen/Elsaß“

Flüssiges Gold 9

Die öligen Spuren der Geschichte von Merkwiller-Péchelbronn

Der Teilort mit dem eigenartigen Namen Pechelbronn war der Mittelpunkt des „Karischschmierländels". Was es mit diesem, etwas eigenartigen Namen auf sich hat, soll hier erklärt werden. 1498, sechs Jahre nachdem Kolumbus Amerika entdeckte, berichtet ein Chronist, daß bei Merkweiler im Elsaß aus einer Quelle dickflüssiges Öl fließe. Dabei vergißt er nicht zu erwähnen, daß das Öl für Heilzwecke verwendet werde. Es helfe gegen Zahnschmerzen (heute würde man sich ekeln), Rheuma und offene Wunden. Aber auch die Verwendung zur Beleuchtung und als Wagenschmiere (im Dialekt: Karischschmier = Karrenschmiere) ist für damals bereits belegt.

Der *„Pechbrunnen"* erklärt auch den Ortsnamen **Pechelbronn**. Wir haben es hier mit dem *ältesten bekannten Erdölvorkommen* in Europa zu tun. Es beruht auf erdölführenden Schichten, deren oberste, die „Oberen Pechelbronner Schichten", hier an die Erdoberfläche treten, während die „Unteren Pechelbronner Schichten" etwa 1 000 Meter tiefer liegen. Die Pechelbronner Schichten sind auch für das Erdölvorkommen in der Südpfalz bei Landau oder in Mittelbaden bei Bruchsal maßgebend.

1735 erteilt der Graf von Hanau-Lichtenberg einem griechischen Arzt die Konzession (Erlaubnis) zur Förderung des Öls. In der Folgezeit wurden Gewinnungsschächte in 10 bis 30 Meter Tiefe angelegt. In der Mitte des 19. Jahrhunderts erreichten die Förderschächte bereits Tiefen von mehreren hundert Metern. Je tiefer man vorstieß, desto flüssiger wurde das Öl. Dies veranlaßte den damaligen Konzessionär Joseph Achille Le Bel nach moderneren Fördermethoden zu suchen. Er führte mit großem Erfolg die in Norddeutschland entwickelte Bohrtechnik ein. An der Wende vom 19. zum 20. Jahrhundert betrug hier die jährliche Erdölförderung bereits 23 000 Tonnen.

Die Erfindung des Automobils brachte einen ständig höher werdenden Bedarf an Benzin mit sich und Pechelbronn stellte sich darauf ein. Die ersten Erdölraffinerien wurden errichtet. Zum Schluß wurde aus 2 673 Bohrungen Öl gefördert. Aber auch die bergmännische Förderung wurde weitergeführt. Das Ergebnis waren immerhin Stollen mit einer Gesamtlänge von 425 Kilometern.

Der 2. Weltkrieg läutete das Ende ein. Kurz bevor die Amerikaner im Spätjahr 1944 das Elsaß zurückeroberten, legten sie die gesamte Anlage mit 1 600 Bomben in Schutt und Asche. Während zu Beginn der 50er Jahre der Wiederaufbau noch im Gange war, erfolgte der

Todesstoß. Das billige Öl aus den arabischen Ländern und aus dem Ostblock brachte das Ende der Förderung. Ab 1957 wollte man wenigstens die Raffinerie durch Verarbeitung von sowjetischem Erdöl retten. Als 1963 nördlich von Straßburg neue Raffinerien in Betrieb gingen, war das Ende von Pechelbronn vorgezeichnet. Der Transport auf dem Wasserweg und per Pipeline war billiger als die Bahn.

1970 wurde der gesamte Betrieb stillgelegt und fast alle Gebäude, bis auf ein Verwaltungsgebäude, abgerissen. Voreilig, wie man schon kurz danach wußte. Das hier gefundene Erdöl besitzt besonders für die chemische Industie Vorteile, die die Öle aus den arabischen Ländern nicht aufweisen. Heute sieht man in der Gegend wieder vereinzelt Bohrtürme und Erdölpumpen.

Wirtschaftliche Bedeutung erlangte das Pechelbronner Erdöl lange vor der Erfindung des Autos. Schon die Staatskarrossen des französischen „Sonnenkönigs" Ludwig XIV. sollen im 17. Jahrhundert mit Pechelbronner Karrenschmiere gerollt sein. Der „Karischschmiermann", der Wagenschmierhändler, wurde zu einem festen Begriff, nicht nur in Frankreich, sondern auch in weiten Teilen Deutschlands. Die letzten Karrenschmierhändler waren noch in den Jahren vor dem 2. Weltkrieg zu Fuß mit dem Schubkarren und dem Schmierfettfaß unterwegs.

Die Pechelbronner Schichten werden in Zukunft wieder größere Bedeutung erlangen, jedoch weniger wegen des Erdöls, sondern vielmehr durch die Nutzung der Erdwärme. Während in Mitteleuropa die Temperatur im Erdinnern um etwa 1° Celsius pro 100 Meter Tiefe zunimmt, ist diese Temperaturzunahme im Rheingraben erheblich höher. In einer Tiefe von 3 900 Metern herrschen hier bereits 170° Celsius, was einer Temperaturzunahme von mehr als 4° Celsius pro 100 Metern entspricht. Ein deutsch-französisches Konsortium wird zwischen dem nahen Städtchen Soultz-sous-Forêts (Sulz unterm Wald) und dem Dörfchen Kutzenhausen mehrere Tiefbohrungen niederbringen, um die Erdwärme wirtschaftlich zu nutzen, hier zur Stromerzeugung. Als sichtbare Zeichen dieser umweltfreundlichen Energienutzung werden dort der Bohrturm und später weitere technische Anlagen zu sehen sein.

An die Zeiten der „Karischschmiermänner" und der Erdölförderung erinnert ein kleines **Museum in Merkwiller-Péchelbronn.** Es befindet sich neben der Kirche am Beginn der „Rue de l' Ecole". Vor dem Museum und bereits an der Straßenkreuzung in der Ortsmitte befinden sich Erdölpumpen, Förderanlagen, Bohrmeißel und Bohrkronen. Anhand von Gerätschaften und alten Fotografien wird die Geschichte der Pechelbronner Förderung dargestellt. Meistens sind auch ehrenamtliche Museumshelfer da, die auf Fragen sachkundig

Erdölmuseum in Merkwiller-Péchelbronn

antworten. So erfährt man zum Beispiel, daß in der Hochzeit der Erdölgewinnung in Pechelbronn 57 Ingenieure und weitere 3 000 Beschäftigte tätig waren.

Wer nach Merkwiller-Péchelbronn kommt, hört mit Sicherheit vom Traum eines Thermalbades, den man hier seit Jahrzehnten träumt. Ob es jemals dazu kommen wird, muß die Zukunft erweisen. Immer, wenn man glaubte, das Ziel in greifbarer Nähe zu haben, zerschlugen sich die Hoffnungen wieder. Was hat es damit auf sich? Gegen Ende des Betriebs in Pechelbronn wurde in 1 043 Meter Tiefe eine heiße Quelle erbohrt. Sie fließt auch heute noch und ist sehr leicht zu finden.

Wenn man von der Ortsmitte in Richtung Preuschdorf (Westen) geht, zweigt unmittelbar vor dem Ortsschild „Preuschdorf-Hattenweg" rechts ein Sträßchen ab (Wegweiser: Source Thermal = **Thermalquelle**), auf dem man nach etwa fünf Minuten zu einer Wiese gelangt. Wer in der kühleren Jahreszeit oder auch in der morgendlichen Frühe hierher kommt, sieht schon von weitem Dampf aufsteigen. Am Rande der Wiese steht ein *Pumpenhäuschen.* Aus einem Rohr in der Wand plätschert ein armdicker **Strahl mit 80° Celsius heißem Wasser** in ein Becken, das von den im Wasser gelösten Eisenoxiden braun gefärbt ist. Auch ein dezenter Geruch nach faulen Eiern steigt in die Nase. Wegen der hohen Wassertemperatur sollte man den Kindern eindringlich abraten, daran spielen zu wollen. Seit Beginn der Erschließung läuft das Thermalwasser ungenutzt in den Bach.

Wir gehen auf dem gleichen Weg zurück und auf der Straße noch etwa 200 Meter nach rechts in den Preuschdorfer Ortsteil *Hattenweg.* Hier biegen wir links in die „Rue des Puits I". Gegenüber vom letzten Haus erklimmen wir einen kleinen *Hügel*. Darauf hat man einen guten Überblick über eines der vielen Grubenfelder mit den Ruinen der einstigen Betriebsgebäude. Das stark verwühlte Gelände vermittelt heute noch einen anschaulichen Eindruck von der regen bergbaulichen Tätigkeit. Man könnte noch die anderen Grubenfelder besuchen, aber der Eindruck bleibt immer der gleiche.

▷ *Wie kommt man nach Merkwiller-Péchelbronn?*
Aus den Richtungen Haguenau und Wissembourg auf der D 264 nach Soultz-sous-Forêts und in der Stadtmitte auf der D 28 nach Merkwiller-Péchelbronn.

Erdölmuseum (Musée du Pétrole)

△ *Öffnungszeiten:*	1. April bis 31. Oktober	
	sonn- und feiertags	14.30 – 18.00 Uhr
∞ *Eintrittspreise:*	Erwachsene	15,00 FF (etwa 4,50 DM)
	Kinder 10 bis 16 Jahre	5,00 FF (etwa 1,50 DM)
	Gruppenermäßigung	

★ *Auskünfte:*
Telefon 0 03 33/88 80 77 81 oder Telefon 0 03 33/88 80 77 86

Einkehrmöglichkeiten:
mehrere Gaststätten in Merkwiller-Péchelbronn

▭ *Kartenempfehlungen:*
Topographische Karte 1 : 100 000 „Strasbourg Forbach“
Carte des Vosges 1 : 25 000 „3814 ET Haguenau Wissembourg“
beide vom Institut Géographique National, Paris
Generalkarte 1 : 200 000 „Vogesen/Elsaß“

Graf Jacob und die schöne Bärbel 10

Vom Familienwanderheim Reipertswiller zur Festung Lichtenberg

Die Grafen von Lichtenberg waren im hohen und späten Mittelalter das mächtigste Adelsgeschlecht im Unterelsaß. Sie stellten nicht nur bedeutende Herrschergestalten, sondern auch mehrere Bischöfe und Erzbischöfe. Einer unter ihnen, Graf Jacob, ist es, der bis heute Schriftsteller in seinen Bann zieht. Und das kam so:

Im Jahr 1450 starb die Gattin des Grafen Jacob von Lichtenberg, eine geborene Gräfin von Saarbrücken und Mörs, kinderlos. Der erst 34jährige Graf verliebte sich in die überaus schöne, damals 20jährige Dienstmagd seiner Frau, Bärbel. Sie war die Tochter eines Bäckers im badischen Ottenheim, das damals zur Herrschaft der Lichtenberger zählte. Bärbel war nicht nur hübsch, sie war auch sehr klug und geschäftstüchtig. Sie fand schnell heraus, daß viele Bedienstete aller Ränge ihren Herrn beschummelten. Sie versuchte die liederliche Verwaltung wieder zu ordnen, um damit die maroden Kassenverhältnisse des Grafen zu sanieren.

Damit zog sie sich nicht nur den Ärger der Betroffenen zu, sondern auch den des gräflichen Bruders Ludwig, der um sein Erbe fürchtete. Eine Hetzkampagne überzog die Herrschaft Lichtenberg. Die Folge war der „Buchsweiler Weiberkrieg", der in die Geschichte einging. Graf Ludwig belagerte im Frühjahr 1462 das gräfliche Schloß in Buchsweiler (heute: Bouxwiller), wo sich Jacob mit seiner Geliebten aufhielt. Ludwig erreichte im Vertrag vom Juni 1462, daß sich sein Bruder von Bärbel trennte. Sie zog sich in ihr Haus in Hagenau zurück, das ihr Graf Jacob geschenkt hatte.

Nachdem Graf Ludwig unter Bruch des Vertrages mehrere Städte der Herrschaft seines Bruders überfallen und besetzt hatte, fühlte sich Jacob an den Vertrag mit seinem Bruder nicht mehr gebunden und kehrte zu Bärbel zurück. Beide zogen in das Haus in Hagenau. Bärbel bekam einen Sohn, der im Alter von 14 Jahren beim Spielen auf Burg Lichtenberg heimtückisch ermordet wurde. Auch dabei soll der um sein Erbe fürchtende Graf Ludwig seine Finger im Spiel gehabt haben. Die folgenden Jahre waren erfüllt von Auseinandersetzungen zwischen den gräflichen Brüdern und auch von mehreren Versöhnungen.

Als Graf Ludwig 1471 auf dem Sterbebett lag, versöhnten sich die Brüder zum allerletzten Mal und Jacob gab Ludwig das Versprechen, sich endgültig von Bärbel zu trennen. Er zog auf sein Stammschloß in Lichtenberg. Bärbel blieb in Hagenau, wo sie später in das Gefäng-

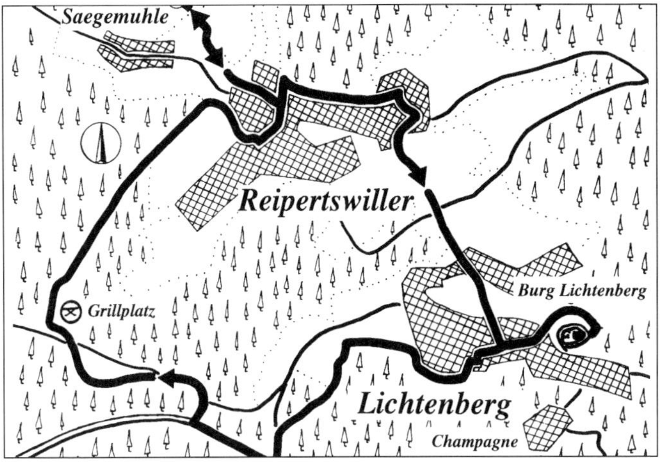

nis geworfen wurde und sich vier Jahre nach dem Tode Jacobs das Leben nahm. Graf Jacob starb 1480 im Alter von 68 Jahren und wurde in der Kirche von Reipertswiller beigesetzt. Sein Grabmal wurde in den Wirren nach der Französischen Revolution (nach 1789) zerschlagen. Die aufgefundenen Bruchstücke sind an der Kirchenmauer zu finden.

Mit Graf Jacob starb das Geschlecht im Mannesstamm aus. Die Herrschaft Lichtenberg wurde unter den Schwiegersöhnen seines Bruders Ludwig, den Grafen von Hanau und von Zweibrücken-Bitsch aufgeteilt. In der zweiten Hälfte des 16. Jahrhunderts baute der Elsässer Daniel Specklin die Stammburg Lichtenberg zu einer Festung um. 1678 wurde sie von den Truppen des französischen „Sonnenkönigs“ Ludwig XIV. besetzt und kurz danach durch den Festungsbaumeister Vauban nach den damals modernsten Gesichtspunkten umgestaltet.

Um die Burgfestung Lichtenberg zu erwandern, bietet sich folgende Möglichkeit an: In den Nordvogesen gibt es ein **Wanderheim des Club Vosgien (Vogesenclub) Reipertswiller**, das geradezu ideal für junge Familien ist. Es wurde vor wenigen Jahren neu gebaut und liegt etwa einen Kilometer von dem Dörfchen Reipertswiller entfernt mitten im Wald. Es bietet Stille und Ortsnähe zugleich. Beim Haus gibt es einen Kinderspielplatz. Das Haus ist mit Duschen, Toiletten und sogar mit Sauna ausgestattet. Unter der Woche kann man sich in der Touristenküche selbst verpflegen. Wenn das Haus gut belegt ist, wird es während der Woche bewirtschaftet, ansonsten nur an Wochenenden. Selbstverständlich gibt es in Reipertswiller und in Lichtenberg weitere Einkehrmöglichkeiten.

Burgfestung Lichtenberg

Und nun machen wir uns auf den Weg: Vom *Wanderheim* gehen wir auf dem breiten Forstweg nach *Reipertswiller,* hier noch ein Stückchen geradeaus auf der Straße in Richtung Rothbach, dann mit dem *Wegzeichen blauer Ring* links die „Rue du Reservoir" hinauf und auf dem ersten Waldweg scharf rechts weiter. Bald sind wir im Neubaugebiet von Reipertswiller, wo wir auf die Markierung *gelber Strich* stoßen, der wir bis zum Rast- und Grillplatz folgen. Im Neubaugebiet: An der Straßenspinne gehen wir rechts die zweite Straße abwärts; am Ende der „Rue du Hasental" kreuzen wir die Straße nach Rothbach („Rue du Moulin") und steigen nach den letzten Häusern einen Wiesenhang hinauf.

In der *Siedlung Picardie* wird unser Weg ein wenig steiler. Sollte man ins Schwitzen gekommen sein, so verheißt der *Brunnen* (rechts am Weg) eine willkommene Erfrischung. Nach kurzem Anstieg gelangen wir auf den Kirchplatz („Place de l'Eglise") des ehemaligen Städtchens *Lichtenberg,* den wir längs überqueren. An seinem Ende gehen wir links die „Rue du Château" hinauf (ohne Markierung) zur vor uns liegenden **Festung Lichtenberg**.

Am Eingang erhält man ein Faltblatt in deutscher Sprache, das sowohl über die Geschichte, als auch in 37 Punkten über den Aufbau und den früheren Verwendungszweck der Bauten bzw. Ruinenteile eingehend informiert. Im deutsch-französischen Krieg, 1870/71, wurde die Festung, die damals mit einer kleinen Garnison belegt war, von württembergischen Truppen eingenommen und zerstört. Acht Jahre danach wurde die Ruine als historisches Baudenkmal unter Schutz gestellt.

Was sich heute dem Auge darbietet, ist keine einheitliche Anlage. Es ist eine Mischung aus vielhundertjährigen Bauepochen, mit Resten der mittelalterlichen Burg, der Renaissance- sowie der Barockfestung. Nach der Freilegung des Festungsgrabens dominiert die Barockfestung mit ihren hohen, glatten Sandsteinmauern. Auf jeden Fall können Kinder hier ihrem Entdeckungsdrang freien Lauf lassen.

Wir gehen zurück in das Dorf Lichtenberg, folgen ab dem Kirchplatz weiter dem *gelben Strich* die „Rue du Château" abwärts bis zum Transformatorenhäuschen und biegen dort links in die „Rue du Vogelhardt". Nach wenigen hundert Metern gelangen wir in den Wald und kreuzen das folgende Sträßchen schräg. In der Folge wechseln sich Pfade, Forstwege und kurzzeitig auch Straßen in rascher Folge ab. Deshalb müssen wir besonders gut auf den Verlauf der Markierung *gelber Strich* achten, zumal sie ab und zu scharf abknickt.

Fast eine Stunde lang verläuft so unser Weg ohne größere Höhenunterschiede. Wo wir die Straße Reipertswiller-Wimmenau kreuzen, erwartet uns ein großer *Rast- und Grillplatz* mit einer offenen Schutzhütte und, wenn wir rechtzeitig vorgesorgt haben, können wir Würstchen oder anderes am offenen Feuer brutzeln lassen.

Mit dem *Wegzeichen gelber Ring* wandern wir nach rechts (Nordosten) auf dem ebenen bis sanft ansteigenden Forstweg weiter. In der großen Linksbiegung des Weges, nach etwa einem guten Kilometer, folgen wir der Markierung *blauer Ring* nach rechts. Nach einigen Biegungen endet er bei der *Kirche* in *Reipertswiller,* wo Graf Jacob seine letzte Ruhe gefunden hat. Wir gehen links die „Rue des Ecoles" hinunter und an ihrem Ende nach links zum *Wanderheim* zurück.

In der Ortsmitte von Reipertswiller plätschert unweit der Kirche ein **Thermal-Mineralbrunnen**. Schon die Römer sollen das Wasser für Badezwecke genutzt haben. Ein Bürger von Reipertsweiler fand 1880 die Quelle wieder und faßte sie neu. Das Mineralwasser wurde abgefüllt und nach Frankreich, England und sogar in die USA versandt. Später wurde die Quelle vernachlässigt und versiegte. Zu Beginn der 90er Jahre des 20. Jahrhunderts wurde sie neu gefaßt und ist jetzt frei zugänglich.

▷ *Wie kommt man nach Reipertswiller?*

Aus Richtung Haguenau auf der D 919 nach Ingwiller, dann auf der D 28 nach Rothbach und auf der D 198 nach Reipertswiller.

○ *Weglänge:* etwa 12 km

Burg Lichtenberg (Château de Lichtenberg)

△ *Öffnungszeiten:*	erster Sonntag im April bis letzter Sonntag im Oktober	
	werktags	10.00 – 12.00 Uhr
	und	13.30 – 18.00 Uhr
	sonn- und feiertags	10.00 – 19.00 Uhr
	montags geschlossen	

∞ *Eintrittspreise:*	Erwachsene	15,00 FF (etwa 4,50 DM)
	Behinderte	10,00 FF (etwa 3,00 DM)
	Jugendliche 6 bis 14 Jahre	10,00 FF (etwa 3,00 DM)
	Gruppenermäßigung	

★ *Auskünfte:*

SIVOM de la Haute-Moder, Telefon 0 33 3/88 89 75 43 oder
Château de Lichtenberg, Telefon 0 33 3/88 89 98 72

Wanderheim Reipertswiller (Gîte d'Etape de Reipertswiller)

△ *Öffnungszeiten* ganzjährig nach Voranmeldung

∞ *Übernachtungspreise:* Erwachsene 40,00 FF (etwa 12,00 DM)
Jugendliche 12,00 FF (etwa 4,00 DM)

★ *Auskünfte und Anmeldung:*
Club Vosgien, Section de Reipertswiller Madame Erna Wolf, 2a, rue des Ecoles, F-67340 Reipertswiller, Telefon 0 33 3/88 89 98 87 (Sie spricht deutsch!)

☆ *Einkehrmöglichkeiten:*
Gaststätten in Reipertswiller und Lichtenberg
an Wochenenden auch im Wanderheim Reipertswiller

▭ *Kartenempfehlungen:*
Carte des Vosges 1 : 25 000 „3714 ET La Petite Pierre Niederbronn-les-Bains“, vom Institut Géographique National, Paris
Generalkarte 1 : 200 000 „Vogesen/Elsaß“

Öl aus Wimmenau ⓫

Wie funktionierte eine Ölmühle?

Es handelt sich dieses Mal nicht um Erdöl (wie bei Pechelbronn, siehe Kapitel 9), sondern um Speise- und Lampenöl. In Wimmenau im Tal der Moder gibt es eine Ölmühle aus dem 18. Jahrhundert, die man sorgfältig restauriert hat. Sie ist jetzt allgemein zugänglich. Der Antriebsmechanismus bestand überwiegend aus Holz. Von Ochsen, manchmal auch von Pferden, wurde das Mahlwerk in Betrieb gesetzt. Wer einmal sehen möchte, wie so eine Ölmühle funktionierte, kann sie an Sonntagnachmittagen besichtigen. Der Eintritt ist frei.

▷ *Wie kommt man nach Wimmenau?*
Aus den Richtungen Haguenau und Sarreguemines auf der D 919 nach Wimmenau.

Ölmühle Wimmenau (Moulin á Huile)

△ *Öffnungszeiten:*	April bis 15. September	
	sonntags	14.00 – 16.00 Uhr
∞ *Eintritt:*	frei	

★ *Auskünfte:*
Madame Giess, Telefon 0 03 33/88 89 76 15

☆ *Einkehrmöglichkeiten:*
Gaststätten in Wimmenau

▭ *Kartenempfehlungen:*
Topographische Karte 1 : 100 000 „Strasbourg Forbach“
Carte des Vosges 1 : 25 000 „3714 ET La Petite Pierre Niederbronn-les-Bains“
beide vom Institut Géographique National, Paris
Generalkarte 1 : 200 000 „Vogesen/Elsaß“

Der „Kleine Stein“ ⓬

Interessantes in und um La Petite Pierre (Lützelstein)

Der Felsklotz Lützelstein (Kleiner Stein) war vom hohen bis zum ausgehenden Mittelalter Mittelpunkt und Sitz einer Grafschaft. Um 1200 erbaute Graf Hugo von Lützelstein auf dem mächtigen Felsmassiv eine Burg. 1393 wurde der Straßburger Domprobst Burkhard von Lützelstein zum Bischof von Straßburg gewählt. Da er damals der letzte männliche Sproß dieses Geschlechtes war, legte er die Bischofswürde nieder und heiratete mit Erlaubnis des Papstes. Mit seinen beiden Söhnen starb dann das Geschlecht doch aus. Wegen Bruch des Treuegelöbnisses mit ihrem Oberherrn, dem Bischof von Straßburg, wurde ihnen 1452 die Grafschaft entzogen und den Pfälzer Kurfürsten übertragen.

Im Rahmen eines Vertrages ging Lützelstein 1553 in den Besitz des Herzogtums Pfalz-Zweibrücken über. 1632, im 30jährigen Krieg, besetzten die Franzosen Burg und Stadt und übersetzten auch den Burg und Ortsnamen in das Französische: La Petite Pierre (der kleine Stein). 1675 ließ der französische „Sonnenkönig“ Ludwig XIV. die Befestigungen schleifen und ab 1705 Burg und Stadt erneut befestigen. 1870 diente die kleine Festung letztmals militärischen Zwecken. Nach Beendigung des deutsch-französischen Krieges wurden 1871 die Befestigungen weitgehend niedergelegt.

Die heutige Burg besteht aus einem Gemisch vieler Bauperioden. Die Unterscheidung der Baustile ist jedoch meist nur Fachleuten möglich. Die ältesten Teile stammen aus der ersten Bauphase um 1200. Das meiste wurde zwischen dem 17. und 19. Jahrhundert errichtet. Der Treppenturm weist auf das 16. Jahrhundert hin. Der mittelalterliche Stadtkern, das „Städtel“, beschränkte sich auf den Felssporn. Er bietet auch heute noch ein anschauliches Beispiel eines kleinen mittelalterlichen Burgstädtchens.

Beim Besuch von **La Petite Pierre (Lützelstein)** parkt man am besten am Eingang zum „Städtel“ gegenüber vom Kinderspielplatz. Hier sieht man noch einen Teil der Barockfestung (nach 1705). Durch die „Rue du Château“ geht es durch den Altstadtkern zur Burg. Unterwegs kommt man am *Elsässischen Siegelmuseum (Musée du Sceau Alsacien)* vorbei, das in der profanierten Kapelle St. Ludwig untergebracht ist. Es zeigt die mittelalterliche Geschichte des Elsaß anhand von Siegeln und Wappen, wobei der Adel, Bürger, geistliche Stände, Gemeinden und Zünfte vertreten sind. Der Eintritt ist frei.

Am Ende des Felssporns liegt die **Burg**. Sie ist heute Sitz der Verwaltung des Naturparks Nordvogesen (Parc naturel regional des Vosges du Nord), der inzwischen von der UNESCO zum Biosphärenre-

Burg Lützelstein (La Petite Pierre)

servat erhoben wurde. Daneben unterhält die *Naturparkverwaltung* eine *Ausstellung,* in der auf die Geschichte der Burg Lützelstein (La Petite Pierre) und Lebensumstände des Waldes und der Menschen im Naturpark Nordvogesen besonders hingewiesen wird. Ein Raum ist der Pflanzen- und Tierwelt sowie der Geologie gewidmet. Außerdem ist ein Modell der Stadt La Petite Pierre im Jahr 1771 zu sehen. Ein Videofilm befaßt sich mit „Jerrihans", dem Pfalzgrafen Georg Hanß von Pfalz-Veldenz-Lützelstein, einer herausragenden und weitsichtigen Herrscherpersönlichkeit, der seine fortschrittlichen Vorstellungen infolge Geldmangels nicht in die Praxis umsetzen konnte, wie so mancher heutiger Politiker. Am Eingang zur Burg sieht man noch die großen Eisenräder, über die die Ketten der Zugbrücke liefen.

Für die Kleinen ist das Aufsuchen der unterirdischen *Zisternen* und *Brunnen* im Burgfelsen wohl das Interessanteste. Zur Erkundung ist eine starke Taschenlampe erforderlich, da die installierte Beleuchtung meist nicht funktioniert. Dazu steigt man links vom Burgeingang die Treppen hinunter (Wegweiser „Unterirdische Grotten 200 m") und biegt unten links ab. Unter teilweise weit überhängenden Felsen geht es zu den in die Felsen gemeißelten, geheimnisvollen Gängen mit den unterirdischen Zisternen. Sie stammen noch aus den Anfängen der Burg im 13. Jahrhundert. Schmale Durchgänge führen tief in den Felsen. Erwachsene müssen sich bei der Besichtigung bücken.

Den Rückweg zum Parkplatz nimmt man am besten durch die „Rue des Remparts". Hier befindet sich das *Museum für Kunst und Volkskunde.* Auch hier ist der Eintritt frei.

Unweit von La Petite Pierre liegt das **Wildgehege Schwarzbach**. Es beherbergt Rothirsche. Hier kann man das Verhalten der Tiere beobachten und die Natur in vielfältiger Art entdecken. Damit man den Hirschen auf der großen Freifläche besser zuschauen kann, wurde eine *Aussichtskanzel* errichtet. Wer jedoch die Tiere im Wald beobachten möchte, braucht sehr viel Geduld. Dazu gibt es Aussichtsfelsen. Gegenüber vom nördlichen Parkplatz befindet sich für die Kleinen ein *Abenteuerspielplatz.* Zum Wildgehege kommt man mit dem Auto, wenn man in der Mitte des neueren Teils von La Petite Pierre den Wegweisern „Parc Animalier" folgt.

▷ *Wie kommt man nach La Petite Pierre?*

Aus den Richtungen Haguenau und Sarreguemines auf der D 919 nach Wingen-sur-Moder und auf der D 135 nach La Petite Piere.

Elsässisches Siegelmuseum (Musée du Sceau Alsacien)

△ *Öffnungszeiten:*	1. Juli bis 30. September	
	täglich	10.00 – 12.00 Uhr
	und	14.00 – 18.00 Uhr

	in der übrigen Zeit	
	sonn- und feiertags	10.00 – 12.00 Uhr
	und	14.00 – 18.00 Uhr
∞ *Eintritt:*	frei	

Naturparkausstellung

△ *Öffnungszeiten:*	täglich	10.00 – 12.00 Uhr
	und	14.00 – 18.00 Uhr
∞ *Eintrittspreise:*	Erwachsene	25,00 FF (etwa 7,50 DM)
	Behinderte und Studenten	10,00 FF (etwa 3,00 DM)
	Kinder bis 12 Jahre	frei
	Gruppenermäßigung	

★ *Auskünfte:*
Telefon 0 03 33/88 70 46 55

Wildgehege (Parc Animalier du Schwarzbach)
△ *Besichtigungszeiten:* von Sonnenaufgang bis Sonnenuntergang

∞ *Eintritt:* frei

★ *Auskünfte über La Petite Pierre:*
Office du Tourisme, B.P. 11, F-67290 La Petite Pierre,
Telefon 0 03 33/88 70 42 30

☆ *Einkehrmöglichkeiten:*
Gaststätten in La Petite Pierre.

▭ *Kartenempfehlungen:*
Topographische Karte 1 : 100 000 „Strasbourg Forbach"
Carte des Vosges 1 : 25 000 „3714 ET La Petite Pierre Niederbronn-les-Bains"
beide vom Institut Géographique National, Paris
Generalkarte 1 : 200 000 „Vogesen/Elsaß"

Höhlenmenschen ⑬

Besuch der Felsenwohnungen in Graufthal

Wer an Höhlenmenschen denkt, verbindet sie automatisch mit der Steinzeit. Daß es in unseren Breiten auch noch bis in die jüngste Zeit „Höhlenmenschen" gab, ist weithin unbekannt.

Im oberen Teil des Zinseltales liegt das Dörfchen **Graufthal**. Hier wurde im 8. Jahrhundert die Benediktinerinnenabtei St. Gangolf

Graufthal – die denkmalgeschützten Felsenhäuser sind an und in den Felsen gebaut

gegründet. Nachdem sie 1525 im Bauernkrieg der Zerstörung anheim fiel, wurde sie 1551 im Zuge der Reformation aufgehoben und säkularisiert. Sie scheint nach dem Bauernkrieg nicht mehr aufgebaut worden zu sein. Während andernorts Klostergebäude einer anderen Verwendung zugeführt wurden, dienten die Reste des Klosters in Graufthal schon bald als Steinbruch. Wie die Inschrift an der evangelischen Kirche berichtet, wurde sie im Jahr 1619 mit Steinen des Klosters erbaut. Nur wenige Mauerreste zeugen heute noch von der Abtei.

Unmittelbar hinter den Häusern des Dorfes erhebt sich eine hohe Felswand aus Buntsandsteinkonglomerat. Am unteren Teil der Felswand sieht man (neuerdings hellviolett gestrichene) Hauswände mit kleinen Fenstern. Dahinter verbergen sich Felsenwohnungen, deren letzte Bewohner erst 1958 ausgezogen sind. Zuletzt waren es drei Familien, die darin im wahrsten Sinne des Wortes hausten. Umso größer ist das Erstaunen, wenn man erfährt, daß im westlichsten Teil sogar eine kleine Fabrik betrieben wurde. Sie stellte chemische Zündhölzer her.

Bei den geführten Besichtigungen gewinnt man einen Eindruck von den bescheidenen Wohnverhältnissen in und unter dem Felsen. Nicht nur Menschen haben hier gehaust, auch das Vieh war in dieser Enge untergebracht. Auch erfährt man, daß die letzte Bewohnerin, in Graufthal „Felsekäth“ (Felsenkatharina) genannt, das beachtliche Alter von 82 Jahren erreichte.

▷ *Wie kommt man nach Graufthal?*
Aus Richtung Strasbourg auf der A 4 nach Saverne, auf der D 14 nach Dossenheim-sur-Zinsel und auf der D 133/D 122 nach Graufthal.

Felsenwohnungen (Maisons troglodytiques Graufthal)

△ *Öffnungszeiten:*	Ostern bis 30. September	
	sonn- und feiertags	14.00 – 18.00 Uhr
∞ *Eintrittspreise:*	Erwachsene	10,00 FF (etwa 3,00 DM)
	Kinder	frei
	keine Gruppenermäßigung	

★ *Auskünfte:*
Mairie (Bürgermeisteramt) d'Eschbourg,
Telefon 0 03 33/88 70 15 62

☆ *Einkehrmöglichkeiten:*
Gaststätten in Graufthal

☐ *Kartenempfehlungen:*

Topographische Karte 1 : 100 000 „Strasbourg Forbach“
Carte des Vosges 1 : 25 000 „3714 ET La Petite Pierre Niederbronn-les-Bains“
beide vom Institut Géographique National, Paris
Generalkarte 1 : 200 000 „Vogesen/Elsaß“

Das Auge des Elsaß

14

Hoh-Barr, die schönste Burgruine im Elsaß und der napoleonische Zeigertelegraf

Das Elsaß war im Mittelalter mit Burgen reich gesegnet, kleinen bescheidenen für die „armen Ritter" und großen prächtigen für reiche Adelige. **Hoh-Barr (Haut-Barr)** war zwar nicht die allergrößte Burg im Elsaß, aber sie war wohl die schönste und das ist sie heute noch als Ruine. Sie liegt auch nicht auf einem hohen Berg. Nein, sie liegt auf einem „Hügel" mit bescheidenen 458 Höhenmetern. Trotzdem war ihr Bauplatz mit Bedacht ausgesucht. So nieder der Berg auch sein mag, er hat eine beherrschende Lage. Nicht umsonst nannte man Hoh-Barr schon im Mittelalter das „Auge des Elsaß".

Hoh-Barr war von Anfang an im Besitz der Straßburger Bischöfe und zeitweilig auch ihr Amtssitz. Wann sie genau erbaut wurde, weiß man nicht. Auf jeden Fall bestand sie schon im Jahr 1112 als „Borre". 1168 weilte Friedrich Barbarossa hier. Er gab damals dem Straßburger Bischof Rudolph von Rottweil den Rat, den an die Burg angrenzenden Markfelsen vom Kloster Maursmünster zu erwerben und in die Burg einzubeziehen, was dann auch geschah. Wie man heute noch erkennen kann, bestand Hoh-Barr aus drei Abschnitten. Bischof Johann von Manderscheid, der Gründer des „Trinkordens

Hoh-Barr bei Saverne (Zabern)

vom Horne", baute die Burg aus und paßte sie der modernen Geschütztechnik an. Er ließ 1583 am unteren Tor die teils verwitterte Inschrift anbringen, die besagt, daß er „... die schon längst vernachlässigte und baufällige Burg seinen Untertanen zum Schutze und niemandem zum Trutze" wieder hergestellt habe.

Durch dieses Tor betritt man die Burg. Gleich beim oberen Tor rechts steht heute noch die romanische, um 1170 erbaute Burgkapelle, die, wie so viele Burgkapellen, St. Nikolaus geweiht war. Die früher alle bebauten Burgfelsen können gefahrlos auf Treppen bestiegen werden. Daneben gibt es zwischen den Felsen schmale Durchgänge, durch die Kinder besonders gerne schlüpfen.

Auch die südlichen Burgteile kann man nur erkunden, wenn man die Treppen hinauf steigt. Den Markfelsen, den südlichsten Burgfelsen, erreicht man nur über den „Teufelssteg", der sich hoch über einen Felsdurchbruch spannt.

Etwa 50 Meter südlich des Parkplatzes findet man hinter Bäumen versteckt den 1968 durch die Freunde der Elsässischen Postgeschichte wieder hergestellten **napoleonischen Zeigertelegrafen**. Er war eine Station der Telegrafenlinie Paris – Straßburg.

Schon in der Antike wurden Feuer- und Rauchsignale zur einfachen „Nachrichtenübermittlung" benutzt. Von den Römern ist bekannt, daß sie von dieser Art Meldungen weiterzugeben ebenfalls eifrig Gebrauch gemacht haben. Der Franzose Claude Chappe (1763 bis 1805) entwickelte Ende des 18. Jahrhunderts ein System, mit dem man nicht nur einfache Zeichen, sondern ganze Texte weitergeben konnte. Er erfand eine bewegliche, größere Querstange, an deren Enden ebenfalls bewegliche kürzere Flügel befestigt waren. Zugleich entwickelte er ein Zeichenalphabet und ein Zahlensystem.

Diese Erfindung stand am Anfang unter keinem guten Stern. In dem Jahr, als er sie öffentlich vorstellte (1789), war gerade die Französische Revolution ausgebrochen, und man hatte in Frankreich andere Sorgen als einen Telegrafen. Doch schon 1793 hatte er Erfolg. Daraufhin wurde in rascher Folge ein Telegrafennetz aufgebaut. Zu den ersten Telegrafenlinien gehörten die von Paris nach Landau in der Pfalz, das damals französisch war, und von Paris nach Mainz.

Die Linie Paris Straßburg existierte von 1798 bis 1833. Sie leistete Erstaunliches. Für eine Meldung über eine Entfernung von 240 Kilometern brauchte man nur zwei Minuten. Wie arbeitete die Station auf Hoh-Barr? Oben im Turm saßen zwei bis drei Mann Bedienungspersonal. Einer oder zwei lasen durch lange Fernrohre die Meldungen der beiden nächsten Stationen und ein Mann saß am Hebelwerk und gab die Meldungen weiter.Zur Nachrichtenübermittlung bei Nacht wurden auf den beweglichen Flügeln Laternen angebracht. Doch auch dieses System hatte seine Nachteile. Bei schlechtem Wetter und bei Nebel war keine Nachrichtenübermittlung möglich.

Alle optischen Telegrafenlinien dienten nur militärischen und staatlichen Zwecken. Private Telegramme wurden nicht übermittelt. Trotzdem markieren sie den Beginn der modernen Telekommunikation.

▷ *Wie kommt man zur Hoh-Barr?*
Mit dem Auto: Auf der A 4 bzw. auf der D 421 nach Saverne; in der Stadt der Wegweisung „Haut Barr“ oder „Château du Ht. Barr“ folgen.

Burgruine Hoh-Barr (Haut-Barr)

△ *Öffnungszeiten:* täglich

∞ *Eintritt:* frei

Napoleonischer Zeigertelegraf

△ *Öffnungszeiten:*	15. Mai bis 15. September	
	täglich	12.00 – 18.00 Uhr
	dienstags geschlossen	
∞ *Eintritt:*	frei	
	eine Spende wird gern angenommen	

★ *Auskünfte:*
Les Amis de l'Histoire de PTT de l'Alsace,
Telefon 0 03 33/88 52 98 99

☆ *Einkehrmöglichkeit:*
Restaurant in der Burg

▭ *Kartenempfehlungen:*
Topographische Karte 1 : 100 000 „Strasbourg Forbach“
Generalkarte 1 : 200 000 „Vogesen/Elsaß“

Die Glocke in der Felsenhöhle ⓯

Spaziergang vom Forsthaus Schweizerhof zur St. Veits-Grotte

Wer sich auf der Burgruine Hoh-Barr (siehe Kapitel 14) befindet, hört ab und zu das Läuten von Glocken über das Tal herüberschallen. Wenn man in die betreffende Richtung schaut, sieht man kein Dorf und keine Kirche. Man erblickt lediglich ein einsames weißes Kreuz inmitten des Waldes auf dem gegenüberliegenden Berg.

Wo sich dieses einsame Glöcklein befindet, wollen wir auf einem Spaziergang erkunden. Dazu muß man erst zum **Forsthaus Schweizerhof** kommen: Von Saverne fährt man in Richtung Lutzelbourg. Etwa 500 Meter nach dem Stadtende geht es mit der Wegweisung „Greifenstein" rechts über den Bahnübergang. Den kleinen Wegweiser „Grotte St. Vit" kann man leicht übersehen. Eine für den öffentlichen Verkehr zugelassene Forststraße führt hinauf auf die Höhe zum einsam gelegenen Forsthaus, wobei es an der einzigen Straßengabelung links weiter geht.

Wo die asphaltierte Forststraße endet, befindet sich links ein großer *Waldspielplatz mit einer Grillhütte.* Auf dem in gleicher Richtung weiterführenden, sandigen Forstweg wandern wir mit der Markierung *blauer Punkt* sanft bergab. Nach etwa 20 Minuten kommen wir zu einer kleinen Rodungsinsel mitten im Wald. Rechts befinden sich die Ruinen einer alten Wallfahrtskirche und dicht daneben auf einem kleinen Felsplateau eine *Aussichtsterrasse.* Auf der gegenüberliegenden Talseite erblicken wir die Burgruinen Hoh-Barr und rechts daneben Groß-Geroldseck.

Rechts, dicht vor uns, lugt ein **Glockentürmchen** zwischen jungen Bäumen hervor. Durch einen liebevoll angelegten und gepflegten Felsengarten steigen wir hinab. Unten öffnet sich rechts eine tiefe Felsenhöhle, die als *Andachtsraum* eingerichtet ist. Rechts am Höhleneingang lehnt ein mittelalterlicher Grabstein, dessen Inschrift kaum noch zu entziffern ist. Von der Decke hängt ein Seil herunter. Nicht nur Kindern juckt es in den Händen, auch Erwachsene ziehen sehr gerne daran und lassen das Glöckchen erschallen.

Was hat das Ganze zu bedeuten? Bereits im Mittelalter hat man an der Stelle eines vorchristlichen Felsen- und Quellheiligtums eine Kapelle errichtet, die 1338 zum erstenmal erwähnt wird. 1518 ist sie das Ziel einer großen Schar von Wallfahrern, die um die Erlösung vom Veitstanz bittet. 1581 wird sie erneuert. In der Folge der Französischen Revolution wird die Kirche zum Nationalgut erklärt und 1792 zur Errichtung eines Bauernhofs versteigert, der wiederum

1866 abbrennt. Seitdem werden die Ruinen von Gestrüpp überwuchert.

Zur Rückkehr nehmen wir den gleichen Weg, jetzt leicht ansteigend. Wenn die Eltern vorgesorgt haben, kann die Familie in der *Grillhütte* mit dem Braten von Würstchen oder Steaks beginnen.

▷ *Wie kommt man zum Forsthaus Schweizerhof?*
Mit dem Auto: Auf der A 4 bzw. auf der D 421 nach Saverne; in der Stadt der Wegweisung nach Lutzelbourg folgen und 500 Meter nach dem Stadtende rechts ab (siehe oben).

○ *Weglänge:* hin und zurück etwa 3,5 km

☆ *Einkehrmöglichkeiten:*
in Saverne

▭ *Kartenempfehlungen:*
Wanderkarte 1 : 25 000 „Saverne Sarrebourg“ vom Institut Géographique National, Paris
Generalkarte 1 : 200 000 „Vogesen/Elsaß“

Was macht das Schiff im Fahrstuhl?

⑯

Das Schiffshebewerk bei St. Louis/Arzviller

Der **Rhein-Marne-Kanal (Canal de la Marne au Rhin)** entstand nicht erst im 20. Jahrhundert. Die Arbeiten daran wurden bereits 1838 aufgenommen. Sie erfuhren mehrfach kürzere und längere Unterbrechungen. 1853 konnte er eingeweiht werden. Mit ihm wurde erstmals eine Wasserstraße vom Rhein bei Straßburg quer durch Frankreich zur Atlantikküste verwirklicht. Etwa zur gleichen Zeit, als er endlich fertiggestellt war, wurde die erste Eisenbahnverbindung von Paris nach Straßburg in Betrieb genommen. Sie bedeutete eine nicht zu unterschätzende Konkurrenz für den Kanal.

Trotzdem war der Kanalbau ein für die damalige Zeit wahrlich gigantisches Unterfangen, galt es doch den Gebirgszug der Vogesen zu überwinden. Dies wurde mit einer „Schleusentreppe“ von 17 dicht aufeinander folgenden Staustufen bewerkstelligt. Die Gesamtstrecke von Straßburg nach Vitry-le-François an der Marne betrug 314 Kilometer und war damals mit 178 Schleusen ausgestattet. Genügte ursprünglich eine Wassertiefe von 1,60 Metern, so erreicht sie jetzt 2,60 Meter.

Als nach dem 2. Weltkrieg der Frachtverkehr und damit die Schiffe größer wurden, genügten die immer noch handbedienten Schleusen nicht mehr den Anforderungen. Sie stellten mehr und mehr ein Hindernis für den modernen Schiffsverkehr dar. Für die sogenannten Eurokähne waren die alten Schleusen zu klein und das Fahrwasser nicht tief genug. 1962/63 schrieb man einen Ideenwettbewerb aus. Unter 40 eingereichten Vorschlägen wurde die jetzige Lösung ausgewählt. Sie war zur damaligen Zeit vollkommen neu und noch nirgends erprobt.

Mit dem Bau des Main-Donau-Kanals in den 80er Jahren des 20. Jahrhunderts wurde unter Einschluß des Rhein-Marne-Kanals ein Wasserweg vom Schwarzen Meer bis zur Kanalküste verwirklicht.

Wie sieht diese Lösung aus? Das Schiff fährt in einen mit Wasser gefüllten Trog, der mit Seilen auf Schienen schräg den Berg hinauf gezogen wird. Damit der Energieverbrauch relativ gering bleibt, rollen am anderen Ende des Seiles schwere Blöcke als Gegengewicht auf Schienen bergab. Vorher waren 17 Schleusenwärter nötig, die körperlich hart arbeiten mußten. Den jetzigen Betrieb bewältigen zwei Leute. Doch die ganze Technik zu erklären, ist nicht einfach. Einfacher ist es, man schaut sich das Ganze vor Ort an. Man begreift dann

Ein Schiff im Fahrstuhl

sofort, wie genial einfach diese Lösung des Problems ist. Zudem wird alles an Ort und Stelle erläutert.

Am meisten hat man vom Besuch des **Schiffshebewerks**, wenn man mit einem Schiff den Schrägaufzug hinauffährt. Je nach dem, wieviel Zeit zur Verfügung steht, kann man von *Saverne (Zabern)* oder von *Lutzelbourg (Lützelburg)* mit kleinen *Ausflugsschiffen* auf dem Kanal zum Hebewerk schippern. Sowohl in Saverne als auch in Lutzelbourg, wo zumindest an Wochenenden immer genügend Schiffe bereit liegen, verläuft der Kanal mitten durch den Ort. Schon allein die Fahrt auf dem Kanal ist für Kinder ein Erlebnis, wenn sie nicht zu lange dauert. Auch am Schiffshebewerk besteht die Möglichkeit mit Ausflugsschiffen kleinere oder auch ausgedehntere Rundfahrten zu unternehmen.

Auf diese Weise kann man aus allernächster Nähe zuschauen, wie sich der Trog öffnet und schließt, wie das Schiff hinein und heraus fährt. Es ist schon ein wenig aufregend, wenn man mit dem Schiff in 4 Minuten 44,5 Meter Höhenunterschied überwindet. Oben darf selbstverständlich nicht der *Besuch im Maschinenraum* fehlen, wo man von einem Balkon aus die Technik bestaunen kann. Es ist immer wieder interessant zu erleben, wie unten recht kleine Elektromotoren die riesigen Kabeltrommeln in Bewegung setzen und man durch das Fenster draußen die Schiffe hinauf oder hinunter fahren sieht.

Zum Schluß steigt man selbst wieder in das Schiff, fährt mit dem Aufzug bergab und schippert gemütlich zum Ausgangspunkt zurück.

Oben beim Maschinenhaus des Schiffshebewerks liegt (oder besser steht) der 39 Meter lange *Lastkahn „Sophie-Marie"*. Er dient als

Museum. In seinem Innern erwartet uns unter anderem eine typische Binnenschifferwohnung. Mit dem kleinen Touristenzug „Teigelbach“ werden Rundfahrten zum Schiffstunnel bei Arzviller und zu drei weiteren Schleusen angeboten.

▷ *Wie kommt man zum Schiffshebewerk?*
Mit dem Auto: Aus Richtung Saverne auf der D 38 nach Lutzelbourg und auf der D 98 weiter. Wegweisung „Plan Incliné“. Am besten parkt man unten auf dem neuen Parkplatz, denn der Parkplatz oben neben dem Hebewerk kann in der Saison belegt sein.

Schiffshebewerk (Plan Incliné de St. Louis/Arzviller)

△ *Öffnungszeiten:*	täglich	
	März und November	13.30 – 16.30 Uhr
	April, September und Oktober	10.00 – 12.00 Uhr
	und	13.30 – 17.00 Uhr
	Mai und Juni	9.00 – 12.00 Uhr
	und	13.30 – 18.00 Uhr
	Juli und August	10.00 – 18.00 Uhr

∞ *Eintrittspreise:*	Erwachsene	20,00 FF (etwa 6,00 DM)
	Kinder	13,00 FF (etwa 4,00 DM)
	Gruppenermäßigung	

Preise für die kleine Rundfahrt mit der Vedette „Paris“

Erwachsene	35,00 FF (etwa 10,50 DM)
Kinder	26,00 FF (etwa 8,00 DM)
Gruppenermäßigung	

Preise für die große Rundfahrt zum Schiffstunnel

Erwachsene	46,00 FF (etwa 14,00 DM)
Kinder	40,00 FF (etwa 12,00 DM)
Gruppenermäßigung	

Preise für die große Rundfahrt nach Lutzelbourg

Erwachsene	62,00 FF (etwa 18,50 DM)
Kinder	56,00 FF (etwa 17,00 DM)
Gruppenermäßigung	

Rundfahrt mit dem Touristenzug „Teigelbach“

Erwachsene	35,00 FF (etwa 10,50 DM)
Kinder	26,00 FF (etwa 8,00 DM)
Gruppenermäßigung	

★ *Auskünfte:*
Association Touristique Plan Incliné, F-57820 St. Louis, Telefon 0 03 33/87 25 39 71, Fax 0 03 33/87 25 41 95

☆ *Einkehrmöglichkeiten:*
Kiosk beim Schiffshebewerk, Restaurant Mayakaefer am Ortseingang von Sparsbrod (etwa 800 m), weitere Gaststätten in Sparsbrod und Lutzelbourg

▭ *Kartenempfehlungen:*
Topographische Karte 1 : 100 000 „Strasbourg Forbach"
Carte des Vosges 1 : 50 000 „Saverne Sarrebourg"
beide vom Institut Géographique National, Paris
Generalkarte 1 : 200 000 „Vogesen/Elsaß"

Der Kanal ist voll 17

Abenteuerwanderung rund um das Schiffshebewerk

Wer diese Wanderung unternehmen möchte, braucht eine oder besser mehrere gut funktionierende Taschenlampen, denn es geht zweimal unter die Erde, einmal unter den Kanal, einmal unter die Straße und die Bahntrasse. Auf dieser Strecke kann man zugleich die moderne Kanaltechnik erleben und sehen, wie die alte Kanaltechnik einmal aussah und wie sie allmählich verfällt.

Als Ausgangspunkt unserer Wanderung wählen wir den oberen Parkplatz am Eingang des *Schiffshebewerks* (siehe Kapitel 16) und gehen knapp 500 Meter an der Straße in Richtung St. Louis (nördlich). Wo von links ein Forstweg auf die Straße stößt, kommen wir zur Markierung *gelber Strich* und folgen ihr auf einem rechts abwärts verlaufenden Pfad. Etwa eine Minute später brauchen wir die Taschenlampe zum erstenmal: Unser Wanderweg verläuft unter dem *Rhein-Marne-Kanal* hindurch. Auf der anderen Seite steigen wir die Kanalböschung hinauf und wandern an seinem Ufer entlang, etwa 1,5 Kilometer in westlicher Richtung.

Etwa 50 Meter nach der Treppe Nr. 7 gehen wir halbrechts hinunter zur Straße und nochmals etwa 200 Meter an der Straße entlang weiter. Jetzt benötigen wir die Taschenlampe abermals. In einem schachtartigen kleinen Tunnel geht es unter der Straße und unter der Bahntrasse durch. Der *Tunnel* besitzt zwar eine Beleuchtung, doch ist sie meistens defekt oder gar mutwillig beschädigt. Auf der anderen Seite gehen wir auf einem Steg über den Bach und auf dem Weg parallel zum *alten Kanal* nach rechts.

Dicht nacheinander folgen hier die alten Schleusen, die allmählich dem Verfall überlassen werden. Zu jeder Schleuse gehörte ein Schleusenwärterhaus; auch diese stehen noch. Einige sind bewohnt, werden

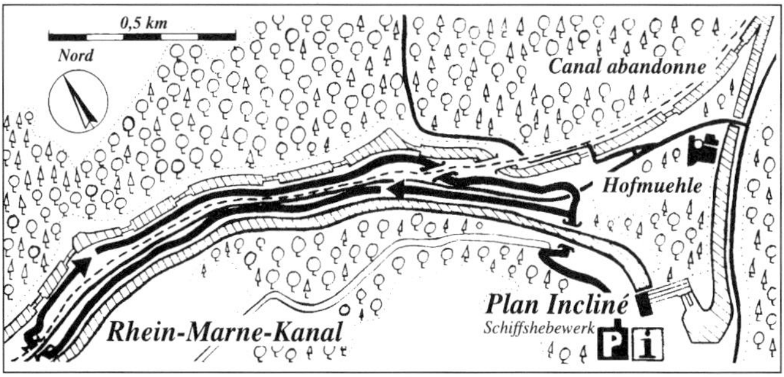

Das Schiffshebewerk am Rhein-Marne-Kanal

liebevoll gepflegt und besitzen hübsche Hausgärten, andere sind unbewohnt und verkommen langsam aber sicher. Wenn man die dichte Abfolge handbetriebener Schleusen sieht, kann man sich unschwer vorstellen, wie lange Schiffe brauchten, bis sie die „Schleusentreppe" mit 17 Stufen überwunden hatten (siehe Kapitel 16). Nach der Schleuse No. 13 wandern wir, jetzt mit der Markierung *gelbes Dreieck,* rechts hinunter, über den Bach und unter der Bahnstrecke hindurch zur Straße. Vor dem ersten Haus des Weilers *Hofmuehle* steigen wir rechts hinauf, unterqueren wieder den *Kanal,* kommen zur Straße und gehen auf ihr scharf links zurück zum Parkplatz beim *Schiffsaufzug.*

▷ *Wie kommt man zum Schiffshebewerk?*
Mit dem Auto: Aus Richtung Saverne auf der D 38 nach Lutzelbourg und auf der D 98 weiter. Der Wegweisung „Plan Incliné" zum oberen Parkplatz beim Eingang zum Schiffshebewerk folgen.

○ *Weglänge:* etwa 7 km

☆ *Einkehrmöglichkeiten:*
Kiosk beim Schiffshebewerk, Restaurants im Weiler Hofmuehle, in Lutzelbourg und Sparsbrod

▭ *Kartenempfehlungen:*
Wanderkarte 1 : 25 000 „Saverne Sarrebourg" vom Institut Géographiquc National, Paris
Topographische Karte 1 : 100 000 „Strasbourg Forbach"
Generalkarte 1 : 200 000 „Vogesen/Elsaß"

Mit Dampf in den Wald

18

Die schmalspurige Forsteisenbahn Abreschviller – Grand Soldat

Die riesigen, unbewohnten Waldgebiete in den Westvogesen nördlich und westlich des Donon waren früher nur schwer zugänglich, kaum erschlossen und ihr Reichtum, das Holz, konnte kaum genutzt werden. Bevor es brauchbare Straßen und Lastkraftwagen gab, besann man sich seitens der Forstverwaltung der damaligen „Reichslande Elsaß und Lothringen" darauf, den Holzreichtum mittels einer schmalspurigen Dampfeisenbahn zu nutzen.

Altes Eisenbahnläutewerk der Forsteisenbahn bei Abreschviller

Es entstand ein weit verzweigtes Streckennetz, das in Abreschviller (damals: Alberschweiler) seinen Ausgangspunkt nahm und dort auch den Anschluß an die normalspurige Bahn besaß. Für den Eisenbahnfreund ist die ungewöhnliche Spurweite von 70 Zentimetern interessant. Die Bahn diente nicht dem Personen-, sondern nur dem Güterverkehr. Ihre größte Ausdehnung erlebte die Forsteisenbahn in den Jahren vor dem 1. Weltkrieg. Während des Krieges wurde sie – wie könnte es anders sein – für militärische Zwecke genutzt.

Überhaupt bedeutete der 1. Weltkrieg einen tiefen Einschnitt im Bahnbetrieb. Danach wurden das Streckennetz immer wieder verkleinert und Streckenteile aufgelassen. Das endgültige Aus kam nach dem 2. Weltkrieg. Aber dann bildete sich eine Bürgerinitiative, die es fertigbrachte, daß wenigstens der 6 Kilometer lange Streckenteil von *Abreschviller bis zum Weiler Grand Soldat (Soldatenthal)* erhalten und für touristische Zwecke genutzt werden konnte.

Heute verkehren in der warmen Zeit regelmäßig Nostalgiezüge. Es gibt jetzt „Personenverkehr", den es zu Zeiten der Forsteisenbahn nie gab. Gemächlich zuckeln schmalspurige Dampf- oder auch Diesel-loks in das stille Soldatenthal. Je nach Lust und Laune oder nach der Wetterlage kann man zwischen offenen und geschlossenen Wagen wählen. In jedem Fall verspricht eine Bahnfahrt viel Spaß. Hier kann man auch einen eigenartigen Meinungswandel erleben. Menschen, die sich vehement für den Umweltschutz engagieren, nehmen die Umweltverschmutzung durch die kleinen Dampfloks in Kauf. Die Mischung aus Dampf, Rauch und heißem Öl wird genüßlich durch die Nasenlöcher eingesogen. Die Nostalgie siegt.

Bei der Endstation Grand Soldat kann man ein museales *Kleinsägewerk* ansehen.

▷ *Wie kommt man nach Abreschviller?*
Aus Richtung Strasbourg auf der N 4 über Saverne nach Sarrebourg und auf der D 44 nach Abreschviller; gleich nach dem Ortseingang der Wegweisung „Train Touristique" folgen.

Forsteisenbahn Abreschviller (Train Touristique)

△ *Fahrtage:*	16. bis 30. April	sonntags
	1. Mai bis 30. Juni	samstags, sonn- und feiertags
	1. Juli bis 31. August	täglich
	1. September bis 1. Oktober	samstags und sonntags

∞ *Fahrpreise:*	Erwachsene	
	hin und zurück	46,00 FF (etwa 14,00 DM)
	einfache Fahrt	37,00 FF (etwa 11,00 DM)
	Kinder 4 bis 14 Jahre	
	hin und zurück	32,00 FF (etwa 9,50 DM)
	einfache Fahrt	26,00 FF (etwa 8,00 DM)
	Gruppenermäßigung	

★ *Auskünfte:*
Train Forestière, Hôtel des Cigognes, F-57560 Abreschviller, Telefon 0 03 33/87 03 70 09

☆ *Einkehrmöglichkeiten:*
in Abreschviller und in Grand Soldat

□ *Kartenempfehlungen:*
Topographische Karte 1 : 100 000 „Strasbourg Forbach“
Carte des Vosges 1 : 50 000 „Saverne“
beide vom Institut Géographique National, Paris
Generalkarte 1 : 200 000 „Vogesen/Elsaß“

Das Riesenspielzeug ⓳

Wanderung zur Ruine Nideck und zum Nidecker Wasserfall

Früher fand man sie in allen Schullesebüchern, heute im Zeitalter der Science-fiction ist sie der Jugend vollkommen unbekannt: Adalbert von Chamissos Ballade „Das Riesenspielzeug". Die Sage vom Riesenspielzeug wurde erstmals zu Beginn des 19. Jahrhunderts von Charlotte Engelhardt veröffentlicht, der Tochter des damals berühmten Straßburger Hellenisten (Wissenschaftler für griechische Sprache und Kultur) Schweighäuser. Sie wurde anschließend mehrfach in Gedichtform gebracht, darunter von Friedrich Rückert. Doch am bekanntesten ist eben die Ballade des französischstämmigen Chamisso, der damals in Berlin lebte.

Worum geht es in dieser Sage? Am Südhang des knapp 1 000 Meter hohen Schneebergs soll vor langer grauer Zeit auf der Burg Nideck ein Riese mit seiner Familie gelebt haben. Die Tochter sah eines Tages Bauern bei der Feldarbeit. Voller Entzücken nahm sie die Menschen mitsamt ihren Pferden und Fuhrwerken auf ihre Hand, um sich an den zappelnden „Spielzeugen" zu ergötzen. Sie rannte damit zu ihrem Vater und zeigte ihm, was sie da gefangen hatte. Voller Entsetzen sah es der Vater und klärte seine Tochter auf, daß das kein Spielzeug sei, sondern Menschen, von deren Arbeit auch die Riesen leben müßten. Mit der Ermahnung, sich niemals mehr an Menschen zu vergreifen, schickte er seine Tochter auf das Feld, damit sie die Bauern wieder zu ihrer Arbeit bringe.

Diese **Burg Nideck** gab es wirklich. Wenn man heute ihre Ruine betrachtet, wird man feststellen, daß sie zu klein für das Leben von Riesen war. Trotzdem umgibt die Ruine eine eigenartige Aura. Sie liegt nicht, wie bei den allermeisten Burgen, weithin sichtbar auf einem Berggipfel. Nein, sie liegt versteckt in einer tiefen Schlucht. Die Gründe, warum man gerade hier eine Burg baute, sind bis heute verborgen geblieben.

Auf Burg Nideck hat sich eine historisch verbürgte, rührselige Geschichte abgespielt. Die Burg, im Besitz der Straßburger Bischöfe, war an verschiedene Ritter zu Lehen gegeben, darunter einem Andreas Wirich. Warum im Jahr 1448 Straßburger Bürger Nideck belagerten und auch einnahmen, ist nicht bekannt. Bereits sechs Jahre danach kam es zu einer erneuten Belagerung durch Graf Ludwig von Lichtenberg, dem Bruder von Jacob von Lichtenberg, dem letzten Namensträger dieses Geschlechts (siehe auch bei Kapitel 10). Trotz tapferer Gegenwehr, mußte sich schließlich Ritter Andreas

Der Nidecker Wasserfall

Wirich „auf Gnad und Ungnad" dem Lichtenberger ergeben. Die junge Gemahlin Wirichs bat den Lichtenberger kniefällig, ihren Gatten zu verschonen, trotz einer Beleidigung, die er Graf Ludwig angetan hatte. Graf Ludwig kam ihrer Bitte nach und schenkte Andreas das Leben, das er eigentlich verwirkt hatte.

Unsere kleine Wanderung beginnen wir am *Forsthaus Nideck (Maison Forestière du Nideck)* an der Straße von Wangenbourg nach Oberhaslach. Mit der Markierung *roter Strich* gehen wir etwa 400 Meter parallel zur Straße in westlicher Richtung (Richtung Oberhaslach), um sie in der langgezogenen Rechtskurve links auf einem Pfad zu verlassen. Bald stehen wir an der früheren **Oberburg Nideck**. Wenige Meter unterhalb davon befindet sich die **Unterburg.** Hier sehen wir die im Jahr 1884 durch den Vogesenclub angebrachte Gedenktafel an Adalbert von Chamisso.

An der Südseite der Unterburg steigen wir einen steinigen Pfad hinunter. Je weiter es abwärts geht, desto lauter wird das Rauschen des **Nidecker Wasserfalls (Cascades de Nideck**) und umso zerklüfteter werden die schroffen Felswände. Dann stehen wir am Fuß des Wasserfalls. Er kann es keinesfalls mit den riesigen Wasserfällen in den Alpen aufnehmen, trotzdem handelt es sich um den größten Wasserfall in den Vogesen.

Auf dem gleichen steinigen Pfad steigen wir wieder hinauf zur *Unterburg* und folgen dort dem fast ebenen Forstweg nach rechts, jetzt mit dem *Wegzeichen gelber Strich.* Beim Bach geht es links hinauf und gleich darauf sind wir wieder zurück am *Forsthaus Nideck.*

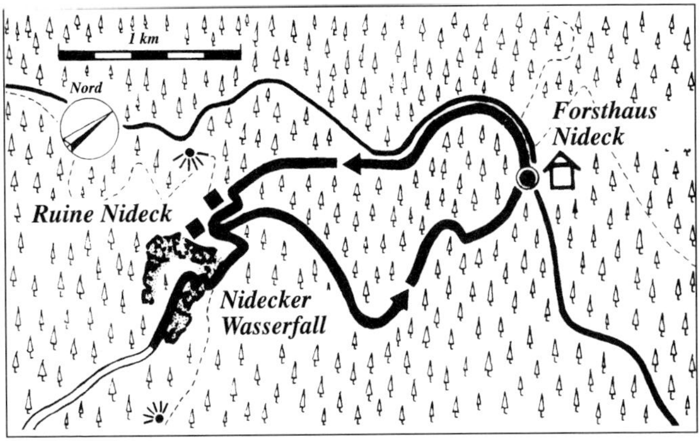

▷ *Wie kommt man zum Maison Forestière du Nideck (Forsthaus Nideck)?*
Mit dem Auto: Aus Richtung Strasbourg auf der A 352/D 420 in Richtung St. Dié bis zur Abfahrt Niederhaslach, dann der Wegweisung „Wangenbourg“ folgen bis zum Maison Forestière du Nideck.

○ *Weglänge:* etwa 4,5 km

☆ *Einkehrmöglichkeiten:*
im Forsthaus Nideck sowie in Restaurants in Wangenbourg

▭ *Kartenempfehlungen:*
Carte Touristique 1 : 100 000 „Strasbourg Forbach“
Carte des Vosges 1 : 25 000 „Mont Ste. Odile“
beide vom Institut Géographique National, Paris
Generalkarte 1 : 200 000 „Vogesen/Elsaß“

Obelix in den Vogesen

20

Eine Wanderung zur keltischen Kultstätte auf dem Donon

Für größere Kinder ist es immer wieder aufregend, sichtbare Stätten keltischer Anwesenheit zu besuchen, auch wenn dort nicht unbedingt Asterix und Obelix zu Hause waren. Eine solche Stätte befindet sich auf dem 1 008 Meter hohen **Donon**. Schon der Name Donon geht auf die Kelten zurück. Damit bezeichneten sie ummauertes oder befesigtes Areal. Das Wort „Donon" lebt weiter in unserem Wort Zaun oder im englischen town (Stadt).

Auf dem Donon mit seinem Doppelgipfel besaßen die Kelten innerhalb einer Ringmauer ein Bergheiligtum, das später unter den Römern weiter bestand. Seit mehr als 200 Jahren werden hier oben Fundstücke aus dieser Zeit geborgen. Ein Großteil der Funde ist in alle Winde zersteut. Nur ein Teil dessen, was in den letzten einhundert Jahren gefunden wurde, ist in Museen gelandet. Das meiste davon befindet sich im Museum von Epinal.

Nachbildungen von Statuen und Reliefs (die Originale sind in Epinal) sind in einem Halbkreis aufgestellt. Ein weiteres Relief ist an der Ostseite des größten Felsens zu sehen. Doch das, was Kinder am meisten interessiert, ist der Tempel. Auf dem höchsten Punkt des Berges hat man 1869 die Nachbildung eines römischen Tempels errichtet. Er diente lange Zeit zum Lagern der Fundstücke.

Die ganzen Felsen sind von Inschriften übersät. Sie stammen allerdings nicht mehr von den Kelten und Römern. Sie sind jüngeren Datums. Einige davon sind immerhin 200 Jahre alt. Neben „Verewigungen", wie sie leider heute auch noch üblich sind, findet man ganze Gedichte oder halbe Romane.

Für Kinder gibt es hier oben viel zu erkunden und zu entdecken. Deshalb sollte man genügend Zeit einplanen, damit die Kleinen zu ihrem Recht kommen.

Beim Aufstieg von der Paßhöhe *Col du Donon* zum Gipfel des Donon, ist ein Höhenunterschied von 290 Metern zu bewältigen. Mit dem *Wegzeichen roter Strich* gehen wir durch den Hof des Restaurants „Velleda" und ein Stückchen die Straße in nördlicher Richtung hinauf. Beim Parkplatz am Forsthaus nehmen wir den rechts durch die Hochweiden ansteigenden Wirtschaftsweg. Kurz nach dem Gehöft kreuzen wir eine Straße und steigen gegenüber einen steinigen Pfad hinauf, der eine großartige Aussicht gewährt. Oben beim Sender sind in einem Halbrund die Nachbildungen gallo-römischer Reliefs zu sehen. Zwischen Felsen hindurch geht es

Tempel auf dem Gipfel des Donon

noch ein kurzes Stück weiter bergauf bis zum höchsten Punkt des **Donon**, der von dem weithin sichtbaren *Tempel* gekrönt wird. Nach ausgiebiger Erkundung steigen wir auf dem gleichen Weg wieder hinunter zum Col de Donon.

▷ *Wie kommt man zum Col du Donon?*
Mit dem Auto: Über die A 352/N 420 (in Richtung St. Dié) nach Schirmeck und dort der Wegweisung zum Donon folgen.

○ *Weglänge:* etwa 5 km

☆ *Einkehrmöglichkeiten:*
mehrere Restaurants am Col du Donon

▭ *Kartenempfehlungen:*
Carte Touristique 1 : 100 000 „Strasbourg Forbach"
Carte des Vosges 1 : 25 000 „Le Donon"
beide vom Institut Géographique National, Paris
Generalkarte 1 : 200 000 „Vogesen/Elsaß"

Bergbau am Donon

21

Das Schaubergwerk in Les Minières

Im Gebiet um den Donon wurde seit altersher Bergbau auf Eisen betrieben. Das gewonnene Erz wurde an Ort und Stelle verhüttet und das Eisen auch hier verarbeitet. So entstand im Laufe der Zeit hoch in den Bergen ein Industriezentrum im Bereich der großflächigen Streusiedlung **Grandfontaine**, die südlich unterhalb vom Donon liegt. Ein Großteil der Erzgruben konzentrierte sich in einem hochgelegenen Seitental beim Weiler **Les Minières** (zu deutsch: die Erzgruben). Der aufmerksame Beobachter erblickt hier noch zahlreiche Gebäude, die einst mit dem Bergbau in Verbindung standen und heute anderen Zwecken dienen, sowie viele der typischen kleinen Bergmannshäuschen.

In Framont, das ebenfalls zur Gemeinde Grandfontaine gehört und unterhalb vom Ortsmittelpunkt in Richtung Schirmeck liegt, befand sich eine der größten staatlichen Waffenfabriken Frankreichs. Vor 1870 arbeiteten hier mehr als 600 Menschen. Nach dem deutsch-französischen Krieg 1870/71 kam dieses Gebiet zum Elsaß, wozu es bis heute gehört. Da die Waffenfabrik nunmehr zu nahe an der damaligen deutsch-französischen Grenze lag, wurde die Waffenfabrikation aufgegeben und die Produktion auf die Herstellung von landwirtschaftlichen Geräten umgestellt. Das ist einer der wenigen Fälle, wo das Bibelzitat, das auch von Karl Marx mehrfach verwendet wurde, „Schwerter in Pflugschare“ umzuschmieden (Jes. 2, 4b), verwirklicht wurde.

In neuester Zeit wurde in Les Minières ein kleines **Bergbaumuseum** und ein **Schaubergwerk** sowie ein Grubenlehrpfad eingerichtet. Wegen der derzeit (1996) noch beschränkten Öffnungszeiten war es dem Autor nicht möglich, diese, bisher im Elsaß einmalige, Einrichtung zu besuchen. Er ist jedoch der Meinung, daß in diesem Buch unbedingt darauf hingewiesen werden sollte. Er entschuldigt sich deshalb für die unvollständigen Angaben.

▷ *Wie kommt man nach Grandfontaine?*
Mit dem Auto: Über die A 352/N 420 (in Richtung St. Dié) nach Schirmeck, dort der Wegweisung zum Donon folgen, in die Ortsmitte von Grandfontaine und dort zum Weiler Les Miniéres.

Bergbaumuseum und Schaugrube Les Miniéres
△ *Öffnungszeiten:* (vorläufige Angaben) 1. April bis 31. August jeden Nachmittag

★ *Auskünfte:* Bergbaumuseum
Telefon 0 03 33/88 97 23 32
Fax 0 03 33/88 97 20 09

☆ *Einkehrmöglichkeiten:*
Restaurants in Les Minières und Grandfontaine

▭ *Kartenempfehlungen:*
Carte Touristique 1 : 100 000 „Strasbourg Forbach“
Carte des Vosges 1 : 25 000 „Le Donon“
beide vom Institut Géographique National, Paris
Generalkarte 1 : 200 000 „Vogesen/Elsaß“

Obelix, Caesar und die Heilige Odilie

22

Wanderung entlang der keltischen Heidenmauer auf dem Odilienberg

Das wohl imponierendste Beispiel einer keltischen Ringmauer im Elsaß findet sich auf dem heiligen Berg der Elsässer, dem Odilienberg. Im 2. Jahrhundert vor Christus erbaute hier der keltische Stamm der Mediomatriker (ihre Hauptstadt war Metz) eine 10,5 Kilometer lange Ringmauer, die eine Fläche von mehr als 100 Hektar umschloß. Das Besondere an dieser Mauer ist die Tatsache, daß sie nicht, wie bei den Kelten üblich, als Holz-Steine-Mauer (murus gallicus) errichtet wurde. Sie besteht aus großen, behauenen Steinblöcken, die untereinander mit schwalbenschwanzförmigen Holzelementen verbunden waren. Jeder Stein trägt eine dreieckige Ausmeißelung, in die diese Holzelemente eingelegt wurden. Zum besseren Verständnis schaut man sich das am besten vor Ort an.

Die **Heidenmauer (mur païen)** ist auf längeren Strecken recht gut erhalten und stellenweise noch fast drei Meter hoch. Nachdem die Römer unter Gaius Julius Caesar im 1. Jahrhundert vor Christus das Elsaß erobert hatten, nutzten sie die keltische Fliehburg weiter. Als im ausgehenden 3. und im 4. Jahrhundert die Gefahr durch die germanischen Alemannen immer größer wurde, errichteten die Römer innerhalb der Mauern ihr Bergkastell Altitona, um sich vor deren Überfällen zu schützen.

Auch nachdem die Römer ein halbes Jahrtausend später das Oberrheingebiet wieder verlassen hatten, behielt der Berg seine strategische Bedeutung. Im 7., vielleicht schon im 6. Jahrhundert erbaute das merowingische (fränkische) Herzogsgeschlecht der Etichonen auf einem Felsmassiv außerhalb des Kastells die Hohenburg. Später verwandelte der elsässische Herzog Eticho die Burg in ein Benediktinerinnenkloster, das erste Frauenkloster im Elsaß. Seine Tochter Odilie war ab 680 bis zu ihrem Tod im Jahr 720 dessen erste Äbtissin.

Über Odilie, die Nationalheilige des Elsaß, erzählt man sich folgende Legende: Das erste Kind, das dem Herzog Eticho geboren wurde, war ein schwächliches, blindes Mädchen. Der Herzog wollte das Kind töten lassen. Aber seine Frau Bereswinda ließ es in ein Kloster bringen, wo es aufgezogen wurde. Erst mit 12 Jahren wurde sie getauft und gleich nach der Taufe sehend. Daher erhielt sie den Namen Odilie, das heißt Tochter des Lichts. Odilie wollte nun ihre Eltern kennenlernen. Gegen den Willen des Vaters holte sie dessen Bruder auf die Burg. Im Zorn darüber erschlug Eticho seinen Bru-

Kloster Odilienberg

der. Von Reue ergriffen, empfing sie der Herzog doch. Er suchte ihr einen Bräutigam und wollte sie verheiraten. Doch Odilie, die das Gelöbnis abgelegt hatte, in das Kloster zu gehen, floh. Eticho und der Bräutigam verfolgten sie. Da öffnete sich ein Fels und gab Odilie Schutz. Aus Rührung über dieses Wunder schenkte der Vater seiner Tochter die Burg, um darin ein Kloster zu gründen. Ganz schön schaurig diese Legende!

Wie ging es mit dem Kloster weiter? Nach seinem Niedergang ließ es Friedrich I. Barbarossa 1155 wieder errichten und es erlebte eine neue Blüte. 1546 wurde es von den Nonnen verlassen und 1605 von Prämonstratensermönchen erneut besiedelt. Nach dem Ende des 30jährigen Krieges (1648) blühte das Kloster nochmals auf. Nach der Französischen Revolution (1789) wurde es abermals aufgehoben und 1853 wiederum mit Nonnen besetzt.

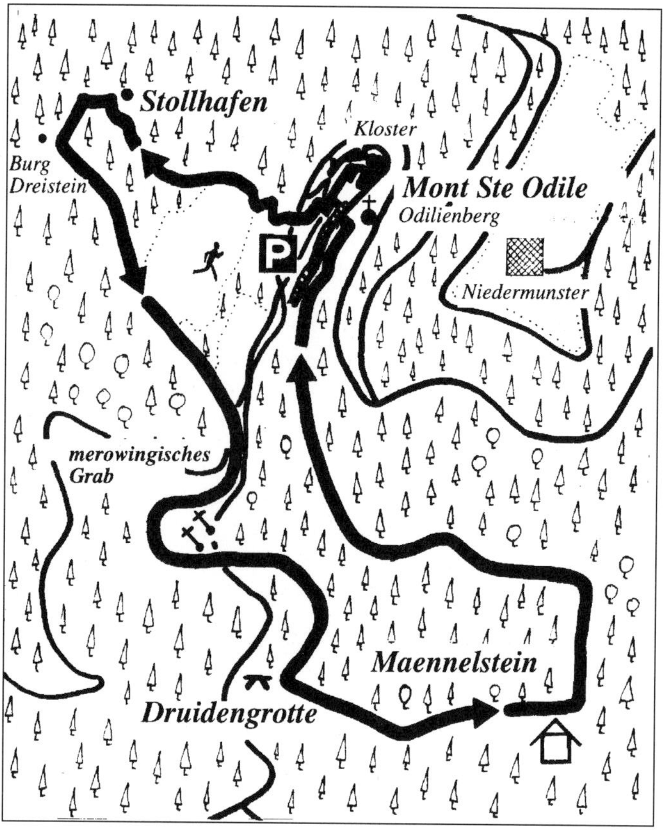

Jetzt wollen wir die **Heidenmauer** erwandern. Der gesamte elf Kilometer lange Rundweg ist durchgehend mit dem *gelben Andreaskreuz* gekennzeichnet. Um die interessantesten Teile kennenzulernen, genügt es den nördlichen, etwa 6 Kilometer langen Abschnitt abzuwandern.

Vor dem Haupteingang des **Klosters Odilienberg** (**Mont Ste. Odile**) steigen wir bei der alten Linde die Treppen mit dem *gelben Andreaskreuz* in nördlicher Richtung hinunter und gehen danach rechts weiter abwärts. Am Ende der Wiese treffen wir zum erstenmal auf die **Heidenmauer**. Vor dem **Felsmassiv Stollhafen** weist eine Tafel auf die Römerstraße hin, die von Ottrott heraufführte und hier in das Kastell Altitona einmündete. Wenige Schritte vor der Felsenhöhle **Grotte d' Etichon** gelangen wir zu einer Wegspinne. Hier an der schmalsten Stelle des früheren Kastells (der Abstand zwischen Ost- und Westmauer beträgt nur 100 Meter) wechseln wir mit dem *roten Andreaskreuz* nach links zur Westseite der Mauer, um dort wieder mit dem *gelben Andreaskreuz* nach links (Süden) weiter zu wandern.

An dieser Stelle ist kaum noch etwas von der Mauer erhalten, da man ihre Steine zum Bau der Burg Dreistein benutzt hat, deren Ruine wenige hundert Meter bergab zu finden ist. Vom *Felsklotz Rocher St. Nicolas* kann man den Blick zum westlich gelegenen, markanten Bergplateau Champ du Feu genießen. Beim unteren Parkplatz kreuzen wir die Straße zum Kloster (Vorsicht!). Kurz vor der Stelle, wo wir die nächste Straße überqueren, werden seit einiger Zeit archäologische Grabungen durchgeführt, was man deutlich sieht.

Unmittelbar vor der Straße (etwa 50 Meter links von unseremWeg) befindet sich ein in den Felsen gemeißeltes *merowingisches Grab (Tombe mérovingienne)* aus dem 7. Jahrhundert. Bei *Grotte des Druides (Druidengrotte)* wendet sich unser Weg nach links (Osten). Wenige Minuten danach gelangen wir zum Schafstein, der leider kaum noch Aussicht gewährt. Den höchsten Punkt unseres Wanderweges erreichen wir am *Maennelstein.* Hier erwartet uns ein Aussichtspunkt mit einer Orientierungstafel und einer Schutzhütte.

Jetzt schwenkt unser Weg nach Norden ab und es geht wieder abwärts. Am *Rocher du Panorama (Panoramafelsen)* ist ein Medaillon mit dem Bild von Curt Mündel angebracht; er war der Verfasser des ersten Vogesenführers. Hier haben wir die beste Gelegenheit, die Mauersteine mit ihren Vertiefungen für die „Schwalbenschwänze" genauer anzusehen. Das letzte Stück unserer Wanderung folgt dem Verlauf eines *Kreuzweges.* Die überwiegend in blau gehaltenen Reliefs sind in die Felsen eingelassen. Wenige Minuten danach sind wir wieder zurück am *Kloster,* dessen Besichtigung man nicht versäumen sollte.

▷ *Wie kommt man zum Odilienberg?*
Mit dem Auto: Aus Richtung Strasbourg auf der N 422 nach Obernai und auf der D 426 über Ottrott, Klingenthal zum Mont Ste. Odile.

○ *Weglänge:* etwa 6 km

Kloster Odilienberg (Mont Ste. Odile)
△ *Öffnungszeiten:* ganzjährig täglich

∞ *Eintritt:* frei

☆ *Einkehrmöglichkeiten:*
Restaurant und Kiosk im Kloster Mont Ste. Odile

▭ *Kartenempfehlungen:*
Carte Touristique 1 : 100 000 „Strasbourg Forbach"
Carte des Vosges 1 : 25 000 „Mont Ste. Odile"
beide vom Institut Géographique National, Paris
Generalkarte 1 : 200 000 „Vogesen/Elsaß"

Fische in den Fabrikhallen

23

Ein ungewöhliches Aquarium im Weinstädtchen Ottrott

Keine Angst! Es soll keine Fischfabrik besucht werden. Und doch war es eine Fabrik, eine ehemalige Spinnerei aus dem 19. Jahrhundert, in deren früheren Werkshallen ein Aquarium eingebaut wurde. Genauer gesagt, sind es 22 große Aquarien mit insgesamt mehr als 3 000 Fischen. Man will hier nicht nur einfach Wassertiere zeigen, sondern auch Verständnis wecken für das Wasser und was darinnen und davon lebt. Alle Beschreibungen und Texte sind auch in deutsch gehalten.

Es wird der Unterschied zwischen den Lebensbedingungen und der Tierwelt in kalten und warmen sowie in stehenden, langsam und schnell fließenden Gewässern erläutert. Man sieht hier von Winzlingen, die nur wenige Millimeter „groß" sind, bis zu kleineren Haien eine große Artenvielfalt. Die ehemaligen Werkshallen sind wie Grotten ausgestaltet. Ein Raum ist den „elektrischen" Fischen gewidmet, deren bekanntester Vertreter der Zitteraal ist. Er kann Stromstöße von hoher Spannung austeilen, zur Selbstverteidigung und zum Töten von Beute. Sie können auch für Menschen tödlich sein.

Weitere Becken sind Fischen aus verschiedenen Gegenden der Welt vorbehalten, von Südostasien bis Mittelamerika, wobei sie in den einzelnen Aquarien jeweils nach Regionen zusammengefaßt sind. Nach den Karpfen folgen ausnahmsweise keine Fische, sondern Pythons und gleich darauf Nilkrokodile, die hier friedlich mit Wasserschildkröten zusammenleben. In anderen Becken leben Warane oder man sieht Haie, die sich friedlich zwischen anderen Fischen tummeln.

▷ *Wie kommt man zum Aquarium Ottrott?*
Mit dem Auto: Über die A 352/N 422 nach Obernai; auf der D 426 nach Ottrott und dort der Wegweisung nach Klingenthal folgen. Das Aquarium liegt ein wenig außerhalb des Ortes.

Aquarium Ottrott „Les Naïades"

△ *Öffnungszeiten:*	ganzjährig	täglich 9.30 – 18.30 Uhr
∞ *Eintrittspreise:*	Erwachsene	39,00 FF (etwa 11,50 DM)
	Kinder 3 bis 11 Jahre	29,00 FF (etwa 8,50 DM)
	Gruppenermäßigung ab 20 Personen	

★ *Auskünfte:*
Aquarium Ottrott Les Naïades, 30, route de Klingenthal, F-67350 Ottrott, Telefon 0 03 33/88 95 90 32, Fax 0 03 33/88 95 99 65

☆ *Einkehrmöglichkeiten:*
im Aquarium Restaurant, Snackbar und Picknickplatz

▭ *Kartenempfehlungen:*
Carte Touristique 1 : 100 000 „Strasbourg Forbach“
Carte des Vosges 1 : 50 000 „Saverne“
beide vom Institut Géographique National, Paris
Generalkarte 1 : 200 000 „Vogesen/Elsaß“

Der Affe ist los!

24

Bei den Berberaffen auf dem Affenberg bei Kintzheim

Hier ist nicht nur *der* Affe los. Nein, es sind alle Affen los, und das sind mehr als 250 Berberaffen. Sie tummeln sich in einem großen Waldgelände oberhalb des malerischen Weinortes Kintzheim an der Elsässischen Weinstraße (Route de vin). Bei der Anfahrt sollte man den stattlichen und malerischen Fachwerkhäusern des Dorfes seine Aufmerksamkeit widmen.

Am Eingang des **Affenberg**es (**Montagne des Singes**) bekommt man nicht nur ein oder zwei Hände voll Popcorn, sondern auch Verhaltensregeln mit auf den Weg. Das Personal weist eindringlich darauf hin, daß man in keinem Fall versuchen sollte, die Affen zu streicheln. Sie werten das als Angriff und beißen. Das kann schlimme Folgen nach sich ziehen, da sie sehr scharfe Zähne besitzen. Wenn man sich allerdings an die Regeln hält und auch den Affenmüttern mit ihren ganz kleinen Babys ausweicht, ist der Besuch vollkommen ungefährlich und für Kinder und Erwachsene ein wahres Erlebnis. Den Affen sollte man immer nur ein Stückchen Popcorn auf der flachen Hand hin halten. Hält man ihnen die ganze Hand voll hin, dann hauen sie drauf, so daß alles auf den Boden fällt.

Das Gehege besteht seit 1972. Angefangen hat es damals mit 150 Affen. Heute werden täglich 125 Kilogramm Früchte und Gemüse, 60 Kilogramm Getreide und 25 Kilogramm Kraftfutter verfüttert. Jedes einzelne Tier wird jährlich einmal eingefangen und geimpft. Innerhalb des Affenberges haben sich Rudel herausgebildet, die ihre Reviere behaupten. Informationstafeln, auch in deutscher Sprache, klären über ihre natürlichen Lebensräume und -formen auf, über ihr Zusammenleben und über die Rangordnungen.

Nach einer gewissen Eingewöhnungszeit (die Farbe ihres Fells ist recht gut der Umgebung angepaßt) erblickt man die Affen überall, im Unterholz und auf den Bäumen. Man benötigt viel Zeit, um alles genau zu beobachten, ihre Verhaltensweisen, ihren angeborenen Spieltrieb oder die Kontakte untereinander, die in der gegenseitigen Körperpflege zum Ausdruck kommen. Man kann Einblick in den Alltag von Berberaffengruppen nehmen, die hier in einer natürlichen, ihnen entsprechenden Umgebung leben.

Wenn man auf den vorgegebenen Wegen durch den Wald spaziert, läuft man zwischen den Affen herum und umgekehrt laufen und springen die Affen zwischen den Besuchern herum. Auch wenn die Affen noch sehr klein sind, klettern und von Baum zu Baum springen können sie erstaunlich gut. Faszinierende und lustige Szenen spielen sich unmittelbar vor unseren Augen ab.

Auf dem Affenberg

Wer nach dem Rundgang Lust dazu verspürt, kann sich ein Affen-T-Shirt, einen Affenaufkleber oder gar einen Affenlebkuchen als Andenken mitnehmen.

▷ *Wie kommt man zum Affenberg?*
Mit dem Auto: Über die A 35/N 83 (sowohl aus Richtung Strasbourg als auch aus Richtung Basel/Mulhouse) bis zur Ausfahrt Haut-Koenigsbourg bei Séléstat. Der Wegweisung „Haut-Koenigsbourg“ durch Kintzheim folgen; die Abzweigung im Wald zum „Montagne des Singes“ ist beschildert.

Montagne des Singes (Affenberg)

△ *Öffnungszeiten:* ganzjährig täglich

April, Oktober und November		10.00 – 12,00.Uhr
und		13.00 – 17.00 Uhr
Mai, Juni und September		10.00 – 12.00 Uhr
und		13.00 – 18.00 Uhr
Juli und August		10.00 – 18.00 Uhr

∞ *Eintrittspreise:*

Erwachsene	40,00 FF (etwa 12,00 DM)
Kinder 5 bis 14 Jahre	25,00 FF (etwa 7,50 DM)
Kinder unter 5 Jahren	frei
Gruppenermäßigung	

★ *Auskünfte:* La Montagne des Singes, F-67600 Kintzheim, Telefon 0 03 33/88 92 11 09, Fax 0 03 33/88 82 30 02

☆ *Einkehrmöglichkeit:*
nebenan in der Auberge de la Wick (Selbstbedienung und Restaurant mit Bedienung)

▭ *Kartenempfehlungen:*
Carte Touristique 1 : 100 000 „St. Dié Mulhouse Bâle"
Carte des Vosges 1 : 50 000 „Ste. Odile Donon Haut-Koenigsbourg"
beide vom Institut Géographique National, Paris
Generalkarte 1 : 200 000 „Vogesen/Elsaß"

Ritterromantik pur 25

Die Hoh-Königsburg, das Urbild einer Ritterburg

Das Elsaß und die Pfalz waren im deutschen Sprachraum die burgenreichsten Regionen. Von den mehr als 1 000 Burgen hat keine unzerstört die Zeiten überdauert. Ein großer Teil wurde nach Zerstörungen im 30jährigen Krieg (1618 bis 1648) nicht mehr aufgebaut. Was übrig blieb, fiel den Truppen des französischen „Sonnenkönigs" Ludwig XIV. im Orleanischen Erbfolgekrieg (1688 bis 1697) zum Opfer. Was damals nicht zerstört oder später nochmals aufgebaut wurde, ging nach der Französischen Revolution (1789) unter. In deren Folge wurden Burgen und Schlösser als „Nationaleigentum" zum Abbruch versteigert.

Trotz all dieser Ereignisse ist man erstaunt, eine so gut erhaltene mittelalterliche Burg vorzufinden, wie die Hoh-Königsburg. Des Rätsels Lösung: Sie ist eine Rekonstruktion. Man nimmt an, daß die Burg von Friedrich dem Einäugigen von Hohenstaufen, Herzog von Schwaben, erbaut wurde. Erstmals erwähnt wurde sie 1147 als Besitz der Hohenstaufer. Ab 1379 gehörte sie den Bischöfen von Straßburg. Nach der Übernahme durch die Habsburger wurde sie 1479 den Grafen von Thierstein zu Lehen gegeben. Ab 1533 werden die Herren von Sickingen als Besitzer genannt. Ihr Wappen, die fünf Kugeln, findet man heute noch an vielen Stellen der Burg.

1635 widerstand die Burgbesatzung einen Monat lang den Angriffen der schwedischen Truppen, bevor die Burg eingenommen und niedergebrannt wurde. 1865 erwarb die Stadt Schlettstadt die sehr gut erhaltene Ruine, ließ sie unter Denkmalschutz stellen und schenkte sie 1899 dem deutschen Kaiser Wilhelm II. Dieser betraute den Architekten Bodo Ebhardt mit der Restaurierung. Ebhardt untersuchte die Ruine sehr genau, fotografierte sie und unterzog sie einer eingehenden archäologischen und baugeschichtlichen Untersuchung.

Nach seinen Plänen entstand die Hoh-Königsburg zwischen 1900 und 1908 so, wie wir sie heute noch vor uns haben. Kaiser Wilhelm überzeugte sich persönlich an Ort und Stelle jährlich vom Baufortschritt. Bis zum Jahr 1918 wurde die Innenausstattung laufend ergänzt. Seit 1919 ist der französische Staat der Burgbesitzer. Bei der Inneneinrichtung handelt es sich um Originalstücke aus der Zeit bis 1635, die selbstverständlich nicht von hier stammen, sondern für das Burginventar erworben wurden. Heute sind sich die Historiker einig, daß hier zum ersten Mal die Rekonstruktion einer mittelalterlichen Burg fast perfekt gelungen ist.

Die Hoh-Königsburg

Die Hoh-Königsburg ist einer der Besuchermagnete im Elsaß

Nachdem wir uns über die Geschichte informiert haben, wollen wir endlich die Burg kennenlernen. Die Kernburg betreten wir über eine Zugrampe. Im kleinen Innenhof fällt rechts der 62 Meter tiefe Brunnen auf. Tief unten spiegelt sich im Lichtschein die Wasserfläche. Im nächsten Innenhof befindet sich eine Zisterne, die ebenfalls der Wasserversorgung gedient hat. Auffallend ist die Tatsache, daß die Wohnräume der an sich recht großen Burg ziemlich klein sind. Im Eisengitter des Kamins im Speisesaal kann man die Worte lesen: „Ich habe es nicht gewollt". Dies soll angeblich ein Ausspruch Wilhelms II. bezüglich des 1. Weltkrieges sein.

In den verschiedenen Kemenaten findet man mittelalterliche Schränke und Truhen, Himmelbetten, eine Kinderwiege sowie Öfen mit herrlichen Kacheln, auf denen auch Ritterturnier- und Troubadourszenen dargestellt sind. So luxuriös, wie die Hoh-Königsburg heute eingerichtet ist, waren früher nur wenige Burgen ausgestattet. Die Einrichtung vieler Burgen war eher kärglich. Im Waffensaal werden alle Arten mittelalterlicher Hieb- und Stichwaffen aufbewahrt, wie Hellebarden, Saufedern, Lanzen und Schwerter, aber auch die gefährlichste Schußwaffe der damaligen Zeit, die Armbrust sowie verschiedene Ausführungen des Morgensterns und Ritterrüstungen.

Über eine Zugbrücke kommen wir in den „Hohen Garten" mit dem typisch elsässischen Ziehbrunnen. Eine Treppe und eine weitere Zugbrücke führen zum Großen Bollwerk mit der Geschützterrasse. Hier findet man die Nachbildungen von Kanonen verschiedenen Kalibers aus dem 15. bis 17. Jahrhundert. Bei gutem Wetter wird man hier mit einer großartigen Aussicht belohnt. Über schmale Gänge gelangt man in den Nordzwinger und zurück zum Eingang. Am Kiosk kann man für die kleinen Ritter Schwerter, Hellebarden und Schilde aus Holz erwerben.

▷ *Wie kommt man zur Hoh-Königsburg?*
Mit dem Auto: Über die A 35/N 83 (sowohl aus Richtung Strasbourg als auch aus Richtung Basel/Mulhouse) bis zur Ausfahrt Haut-Koenigsbourg bei Séléstat. Der Wegweisung „Haut-Koenigsbourg" durch Kintzheim folgen.

Hoh-Königsburg (Haut-Koenigsbourg)

△ *Öffnungszeiten:*	täglich	
	1. April bis 31. Mai	9.00 – 12.00 Uhr
	und	13.00 – 18.00 Uhr
	1. Juni bis 30. September	9.00 – 18.00 Uhr
	1. bis 30. Oktober	9.00 – 12.00 Uhr
	und	13.00 – 17.00 Uhr

2. November bis 4. Januar	9.00 – 12.00 Uhr
und	13.00 – 16.00 Uhr

Am 1. Januar, 5. Januar bis 28. Februar, 1. Mai, 1. und 11. November sowie 25. Dezember geschlossen.

∞ *Eintrittspreise:*

Erwachsene	40,00 FF (etwa 12,50 DM)
Jugendliche 12 bis 17 Jahre	25,00 FF (etwa 7,50 DM)
Kinder unter 12 Jahren	frei
Gruppenermäßigung	

★ *Auskünfte:*
Château du Haut-Koenigsbourg, F-67600 Orschwiller,
Telefon 0 03 33/88 82 50 60, Fax 0 03 33/88 82 50 61

☆ *Einkehrmöglichkeiten:*
Restaurant in der Burg oder die Hotel-Restaurants „Schaflaeger" und „Haut-Koenigsbourg" an der Straße zur Burg
für den kleinen Hunger und den schmalen Geldbeutel: Kiosk am Parkplatz

▭ *Kartenempfehlungen:*
Carte Touristique 1 : 100 000 „St. Dié Mulhouse Bâle"
Carte des Vosges 1 : 50 000 „Ste. Odile Donon Haut-Koenigsbourg"
beide vom Institut Géographique National, Paris
Generalkarte 1 : 200 000 „Vogesen/Elsaß"

Unter Geiern ... 26

Eine außergewöhnliche Greifvogelwarte auf der Burg Kintzheim

Schon die Umgebung paßt: Eine romantische Burgruine mit gotischen Fenstergewänden und einer Burgkapelle. Doch auch in Deutschland befinden sich viele Greifvogelwarten auf Burgen. Die „Volerie des Aigles“ hat trotzdem mehr zu bieten.

Im 12. Jahrhundert wurde oberhalb des alten Dorfes Kintzheim eine Reichsburg errichtet. Ihre großzügige Gestaltung läßt auch heute noch erkennen, daß sie für den Aufenthalt von Königen und Kaisern bestimmt war. In der Mitte des 13. Jahrhunderts, nach dem Ende der Hohenstauferzeit, der „kaiserlosen und schrecklichen Zeit“, gelangte die Burg in die Hände der Herren von Rathsamhausen und anschließend an die Herren von Hattstatt. Die Stadt Schlettstadt erwarb sie 1492. 1632 von schwedischen Truppen zerstört, nach 1648 teilweise wieder aufgebaut, ist sie gegen Ende des 18. Jahrhunderts allmählich verfallen. Die **Burg Kintzheim** ist dennoch erstaunlich gut erhalten.

In dieser Kulisse leben Dutzende von Greifvögeln. Fast alle Arten kann man hier bewundern, vom fast zierlichen Jagdfalken bis zum Geier mit einer Flügelspannweite von 2,75 Metern. Das Außergewöhnliche dieser Greifvogelwarte ist nicht die große Zahl an Vogelarten; es ist die Art der Vorführung. Im allgemeinen werden einzelne Vögel von einem, wenn es hoch kommt, von zwei Falknern vorgeführt. Hier sind sieben Falkner zu gleicher Zeit in Aktion und entsprechend groß ist auch die Zahl der Vögel, die sich zu gleicher Zeit in der Luft befindet.

Erstaunlich ist auch, daß einzelne Greifvögel außerhalb der Vorführungen mitunter stundenlang hoch über der Burg schweben, manche so hoch, daß man sie nur noch mit dem Fernglas erkennt. Noch erstaunlicher ist es aber, daß sie während der Vorführungen ohne Zuruf, nur auf ein Zeichen eines Falkners in den Burghof zurückkommen, teils schwebend, teils im Sturzflug.

Meist beginnt die Schau mit schwarzen Milanen. Den Höhepunkt bilden die Großvögel, wie der amerikanische Wappenvogel, der Weißkopfseeadler, die majestätischen Kaiser- und Steinadler und die riesigen Geier. Gerade diesen Aasfressern traut man gar nicht zu, daß sie geradezu komödiantische Eigenschaften besitzen. Gegen Ende der Schau zeigt einer der kleinen Schmutzgeier seine Fähigkeiten: Er sucht sich im Hof einen relativ großen Stein, mit dem er ein künstliches Straußenei kaputt schlägt, um seinen Inhalt zu fressen.

Ein Geier demonstriert seine Flügelspannweite

Ob man das ganze Spektakel von den Bänken im Burghof oder von höherer Warte aus betrachtet, ist eine Sache des Standpunktes. Unten im Burghof zischen die Greife hautnah über die Köpfe der Besucher, die unwillkürlich die Köpfe einziehen. Das wäre zwar nicht nötig, denn keiner der Vögel würde im Flug einen Menschen verletzen. Aber wir Menschen sind in dieser Beziehung meist schreckhafter als die Vögel.

Während der Vorführpausen kann man die weitläufige Burgruine erkunden und dabei die einzelnen Vögel aus der Nähe betrachten. In den Volieren sieht man die ganze Palette von einheimischen Eulen, vom kleinen Waldkauz bis zum großen Uhu. Die Burg selbst bietet eine großartige Aussicht über die Rheinebene zum Kaiserstuhl und zum Schwarzwald, bei klarer Sicht sogar bis zu den Alpen.

▷ *Wie kommt man zur Greifvogelwarte (Volerie des Aigles)?*
Mit dem Auto: Über die A 35/N 83 (sowohl aus Richtung Strasbourg als auch aus Richtung Basel/Mulhouse) bis zur Ausfahrt Haut-Koenigsbourg bei Séléstat. Der Wegweisung „Haut-Koenigsbourg" durch Kintzheim folgen; am Ortsende rechts hinauf („Volerie des Aigles").

Volerie des Aigles (Greifvogelwarte)

△ *Öffnungszeiten:*	1. April bis 30. September	
	täglich	14.00 – 17.00 Uhr
	1. Oktober bis 11. November	
	mittwochs, samstags, sonn- und feiertags	ab 14.00 Uhr

Bei schlechtem Wetter bleibt die Greifvogelwarte geschlossen.

∞ *Eintrittspreise:*

Erwachsene	40,00 FF (etwa 12,00 DM)
Kinder 5 bis 14 Jahre	25,00 FF (etwa 7,50 DM)
Kinder unter 5 Jahren	frei
Gruppenermäßigung	

◇ *Vorführungen:*

ganzjährig werktags	15.00 und 16.00 Uhr
im Sommer sonn- und feiertags	14.30 – 17.00 Uhr

★ *Auskünfte:*
La Volerie des Aigles, F-67600 Kintzheim,
Telefon 0 03 33/88 92 84 33, Fax 0 03 33/88 82 11 05

☆ *Einkehrmöglichkeiten:*
in Restaurants in Kintzheim oder auf der Wick (siehe beim Affenberg, Kapitel 24)

▭ *Kartenempfehlungen:*
Carte Touristique 1 : 100 000 „St. Dié Mulhouse Bâle“ vom Institut Géographique National, Paris
Generalkarte 1 : 200 000 „Vogesen/Elsaß“

Klapperstörche, Fischotter, Schmetterlinge ... und wehrhafte Bauern

27

Sehens- und Erlebenswertes in Hunawihr

Die Weinbaugemeinde Hunawihr an der Elsässischen Weinstraße (Route de Vin), etwa 10 Kilometer südlich der Hoh-Königsburg gelegen, bietet in ihrer allernächsten Umgebung so viel Sehens- und Erlebenswertes, daß man hier einen ganzen Tag verbringen kann, ohne Langeweile zu verspüren.

Der *Storch* ist zwar nicht der elsässische Wappenvogel, doch stellt er so etwas wie das *„Logo" des Elsaß* dar. Bis in die Zeit nach dem 2. Weltkrieg war er überall im Land präsent. Dann sah man ihn immer seltener. Wurden 1958 noch 173 Storchenpaare im Elsaß gezählt, waren es 1973 nur noch drei Paare. Diese Erkenntnis war ein Schock für eine Region, die den Storch seit Hunderten von Jahren zum Lieblingstier erkoren hatte.

Um den Weißstorch im Elsaß wieder einzubürgern, wurde 1973 der **Storchenpark Hunawihr** (**Centre de Réintroduction des Cigognes Hunawihr**) als Privatinitiative ins Leben gerufen. 1976 nisteten bereits wieder zwischen 20 und 30 der hier aufgezogenen Storchenpaare im Elsaß. Inzwischen haben mehrere Städte im Oberelsaß eigene Storchenaufzuchtstationen eingerichtet, die frei (ohne Eintritt) zugänglich sind, wie z. B. Rouffach, Munster oder Soultz. Sie sind allerdings wesentlich kleiner, als der Park in Hunawihr und bieten den Kindern nicht so viel Interessantes.

Nachdem der Weißstorch im Elsaß erfolgreich wieder eingebürgert werden konnte, wovon man sich überall überzeugen kann, hat sich der erste Storchenpark einem weiteren Problemfall zugewendet, dem *Fischotter*. Dieses possierliche Tier war noch zu Beginn des 20. Jahrhunderts überall in Frankreich in großer Zahl anzutreffen. Verstärkte Nutzung von Gewässern und deren fortschreitende Verschmutzung sowie sinnlose Bejagung haben zur fast vollständigen Ausrottung des Otters geführt.

Vor einigen Jahren begann der Storchenpark Hunawihr mit der Aufzucht von Fischottern mit dem Ziel der Auswilderung. In einem Teich kann man sie über Wasser und hinter einer Scheibe unter Wasser beobachten, ohne die Tiere selbst zu stören. Schautafeln informieren über das Leben und die Gewohnheiten der Otter. Dazu kann man sich vormittags in einem gesonderten Raum einen interessanten Film anschauen.

Storchennester bei Hunawihr

Wenn man den Park betritt, ist man überrascht von der Vielzahl der Störche, die sich hier auf verschiedenen Wiesen aufhalten. Ende April/Anfang Mai kann man den Altpaaren beim Brutgeschäft und im Laufe von Mai und Juni bei der Aufzucht der Jungen zuschauen. Wer dann ein paar Monate danach wieder kommt, wird mit Erstaunen feststellen, daß sie schon fast erwachsen sind. Die Jungstörche im Alter bis zu zwei Jahren werden in großen geschlossenen Gehegen gehalten. Danach können sie sich frei bewegen und auch davonfliegen, um sich eine neue Heimat zu suchen.

Nachmittags kann man zu bestimmten Zeiten der Fütterung von fischfressenden Tieren in einem großen Wasserbecken zusehen. Darunter befinden sich Kormorane und Fischotter. In Aquarien am Südrand des Parks werden einheimische Fischarten gehalten.

Seit 1988 gibt es direkt neben dem Storchenpark eine weitere Attraktion, den **Schmetterlingspavillon (Jardin des Papillons)**. Man betritt gläserne Hallen mit feuchtwarmem tropischen Klima. Selbst die Pflanzenwelt ist tropisch. Auf Baumstümpfen blühen und gedeihen die herrlichsten und farbenprächtigsten *Orchideen*. Rings um die Besucher flattern ebenso farbenprächtige Schmetterlinge aus Afrika, Amerika und Asien, von kleinen Winzlingen bis zu Riesenexemplaren mit mehr als 20 Zentimetern Spannweite. Immer wieder kommt es vor, daß sich die Prachtfalter auf den Köpfen der Besucher niederlassen.

In einem „Schlupfkasten“ kann man das Ausschlüpfen von Schmetterlingen verfolgen. Man erlebt, wie sie ihre Flügel mit Blut und Luft aufpumpen, sie trocknen lassen und wie sie nach etwa zwei Stunden den Kasten verlassen. Auch die Paarung und Eiablage läßt sich hier beobachten. Wie kurzlebig manche Schmetterlinge sind, sieht man daran, daß sich viele Arten schon 24 bis 36 Stunden nach dem Schlüpfen paaren.

Man lernt, wie man Tag- und Nachtfalter unterscheiden kann: Während die Tagfalter stabförmige Fühler haben, besitzen die Nachtaktiven Fühler wie Federn oder Farne. In einer weiteren Vitrine befinden sich etwa 30 Zentimeter lange „dürre Äste«. Es handelt sich dabei um riesige *Stabheuschrecken*. Alle Beschreibungen sind auch in deutsch zu lesen.

Wenn man schon in Hunawihr ist, sollte man es nicht versäumen, den am besten erhaltenen **Wehrfriedhof** im Elsaß anzusehen. Den Weg dorthin braucht man nicht zu beschreiben, denn man sieht die in den Weinbergen etwas erhöht stehende *Kirche* schon von weitem. Das Dorf selbst war seit 1324 württembergisch. Die Kirche stammt, so wie sie sich heute darbietet, weitgehend aus dem 15. Jahrhundert und war ursprünglich St. Jakob geweiht. Im Mittelalter entwickelte sich eine rege Wallfahrt zu den sterblichen Überresten der *Heiligen*

Das idyllische Hunawihr

Huna, die der Legende nach im 7. Jahrhundert hier gelebt haben soll. Ihr Schrein wurde 1525 im Bauernkrieg erbrochen und die Reliquien 1535, bei der Einführung der Reformation, zerstreut.

In einer Seitenkapelle werden in einer Vitrine neun kleine Modelle gezeigt, die die bauliche Entwicklung der Kirche vom Jahr 800 bis 1850 veranschaulichen. Daneben steht eine Glocke aus dem Jahr 1700.

Besonders beeindruckt die mehrere Meter hohe *Wehrmauer des Friedhofs* aus dem 13. Jahrhundert. Sie sollte den Bauern des Ortes in diesen kriegerischen und fehdereichen Jahrhunderten Schutz und Verteidigungsmöglichkeiten bieten. Sechs Halbtürme mit Schlüsselscharten sind gleichmäßig in der Mauer verteilt.

▷ *Wie kommt man nach Hunawihr?*

Mit dem Auto: Über die A 35/N 83, aus Richtung Strasbourg bis zur Abfahrt Ribeauvillé, aus Richtung Basel/Mulhouse bis zur Ausfahrt Riquewihr. Hunawihr liegt zwischen Ribeauvillé und Riquewihr. Der Storchenpark liegt am östlichen Ortsende.

Storchenpark (Centre de Réintroduction des Cigognes)

△ *Öffnungszeiten:*	1. April bis 31. Oktober	10.00 – 12.00 Uhr
	und	14.00 – 18.00 Uhr
	1. bis 11. November mittwochs, samstags, sonn- und feiertags	10.00 – 12.00 Uhr
	und	14.00 – 18.00 Uhr

∞ *Eintrittspreise:*	vormittags	
	Erwachsene	35,00 FF (etwa 10,50 DM)
	Kinder 5 bis 14 Jahre	20,00 FF (etwa 6,00 DM)
	nachmittags	
	Erwachsene	45,00 FF (etwa 13,50 DM)
	Kinder 5 bis 14 Jahre	30,00 FF (etwa 9,00 DM)
	Kinder unter 5 Jahren	frei
	Gruppenermäßigung	

◇ *Vorführungen:* 15.00 – 16.00 Uhr

★ *Auskünfte:*

Centre de Réintroduction des Cigognes Hunawihr,
F-68150 Ribeauvillé, Telefon 0 03 33/89 73 72 62,
Fax 0 03 33/89 73 81 25

Schmetterlingspavillon (Jardin des Papillons)

△ *Öffnungszeiten:*	1. Mai bis 31. August	10.00 – 18.00 Uhr
	April und September bis 11. November	10.00 – 17.00 Uhr
∞ *Eintrittspreise:*	Erwachsene	30,00 FF (etwa 9,00 DM)
	Kinder 5 bis 14 Jahre	20,00 FF (etwa 6,00 DM)
	Kinder unter 5 Jahren	frei
	Gruppenermäßigung	

Wehrfriedhof und Kirche

∞ *Eintritt:* frei

☆ *Einkehrmöglichkeiten:*
in Restaurants in Hunawihr
Kiosk im Storchenpark

▭ *Kartenempfehlungen:*
Carte Touristique 1 : 100 000 „St. Dié Mulhouse Bâle" vom Institut Géographique National, Paris
Generalkarte 1 : 200 000 „Vogesen/Elsaß"

Bahnnostalgie am Rhein 28

Das „andere Eisenbahnmuseum" bei Vogelsheim

Um es vorwegzunehmen, es ist eigentlich (bis jetzt) noch kein Museum. Es handelt sich um eine **Bahnfahrzeugsammlung mit einer Werkstatthalle**, die der Restaurierung von Lokomotiven und Eisenbahnwagen dient. Während im Eisenbahnmuseum in Mühlhausen (Mulhouse) die große Welt der Eisenbahn präsentiert wird, dreht sich hier alles um die „kleine" Eisenbahnwelt. Nicht, daß hier Modelleisenbahnen zu sehen sind, nein, hier widmet man sich den Kleinlokomotiven und „ganz normalen" Personen- und Güterwagen.

Und wo findet man das Ganze? Die *Chemin de Fer Touristique du Rhin" (Touristische Eisenbahn am Rhein)* ist nicht ganz einfach zu finden. Sie befindet sich am *Rheinhafen bei Vogelsheim,* genau gegenüber von Breisach. Am besten findet man sie folgendermaßen: Gleich nach der Rheinbrücke Breisach/Neuf-Brisach fährt man auf der ersten Straße mit der Wegweisung „Marckolsheim" und „Port du Rhin" in nördliche Richtung. Nach etwa einem Kilometer folgt man an der Abzweigung halbrechts den Wegweisern „Chemin de Fer Touristique".

Auch wenn die Halle geschlossen ist, lohnt sich ein Besuch immer, da der größte Teil der Eisenbahnsammlung im Außengelände abge-

Lokomotive in der Eisenbahnsammlung in Vogelsheim

stellt ist. Hier findet man eine schweizerische Dampfspeicherlok, wie sie in explosionsgefährdeten Bereichen eingesetzt wurde, eine deutsche Kleinlok der Baureihe Kö, französische Rangier- und Kleindiesellokomotiven, Kleintriebwagen, aber auch interessante Personen-, Güter- und Bahndienstwagen und Draisinen. In der Halle, die man an Wochenenden nachmittags kostenlos besichtigen kann, befinden sich die Dampfrösser, darunter die im Elsaß bei der Lokomotivfabrik Grafenstaden hergestellte Version der legendären preußischen T 3. Hier ist das vertreten, was im Eisenbahnmuseum in Mühlhausen fehlt.

Von Pfingsten bis Mitte September fahren die **Nostalgiezüge an Wochenenden ab Bahnhof Vogelsheim** durch das Elsässische Ried nach **Marckolsheim**. Dort besteht die Möglichkeit, entweder mit dem *Zug* oder mit dem *Schiff* zurückzufahren. Darüber hinaus bietet sich eine weitere reizvolle Variante an: Man fährt mit dem *Fahrrad* vom Bahnhof Vogelsheim oder vom Depot auf der recht ruhigen Straße parallel zur Bahnstrecke nach Marckolsheim und fährt mit dem Zug zurück, der einen Extrawagen für Fahrräder mitführt. Man kann natürlich auch den Zug nach Marckolsheim benutzen und mit dem Rad zurückfahren. Noch Wünsche oder Varianten offen?

▷ *Wie kommt man zur Nostalgiebahn?*

Mit dem Auto: Aus Breisach über die Rheinbrücke und aus Richtung Colmar auf der N 415 bis kurz vor die Rheinbrücke; gleich bei der Rheinbrücke (auf französischer Seite) fährt man auf der ersten Straße mit der Wegweisung „Marckolsheim" in nördliche Richtung. Nach etwa einem Kilometer folgt man an der Abzweigung halbrechts den Wegweisern „Chemin de Fer Touristique".

Nostalgiebahn (Chemin de Fer Touristique)

◇ *Fahrzeiten:*	Von Pfingsten bis zum 2. Sonntag im September samstags, sonn- und feiertags am Bahnhof Vogelsheim	15.00 Uhr
	am „Eisenbahnmuseum" (Depot)	15.15 Uhr
	Rückkehr	18.15 Uhr
∞ *Fahrpreise:*	Kombinierte Bahn- und Schiffahrt	
	Erwachsene	90,00 FF (etwa 27,00 DM)
	Kinder	45,00 FF (etwa 13,50 DM)
	Nur Bahnfahrt	
	Erwachsene	30,00 FF (etwa 9,00 DM)
	Kinder	15,00 FF (etwa 4,50 DM)

Eisenbahnfahrzeugsammlung

∞ *Eintritt:* frei

○ *Weglänge:* vom Bahnhof Vogelsheim nach Marckolsheim 18 km

★ *Auskünfte:*

Chemin de Fer Touristique du Rhin, Secrétariat et Renseignements, 26, rue des Cordiers, F-68280 Andolsheim,
Telefon (abends) 0 03 33/89 71 51 42
Für Deutschland:
Zeppelinstraße 8, D-79206 Breisach, Telefon 0 76 67/75 57

☆ *Einkehrmöglichkeiten:*

in Restaurants in Vogelsheim und Neuf-Brisach

▭ *Kartenempfehlungen:*

Carte Touristique 1 : 100 000 „St. Dié Mulhouse Bâle“ vom Institut Géographique National, Paris
Generalkarte 1 : 200 000 „Vogesen/Elsaß“

Die Festung des Sonnenkönigs 29

Erkundung der französischen Barockfestung Neuf-Brisach

Der französische König Ludwig XIV. lebte von 1638 bis 1715 und trat schon im zarten Alter von vier Jahren die Nachfolge seines Vaters als König an. Er war der erste Herrscher, der unter Einsetzung aller damaligen Medien sein eigenes Image strickte, um zu seiner Zeit, aber auch in der Nachwelt als „Sonnenkönig" gefeiert zu werden, als König, in dessen Reich niemals die Sonne untergeht.

Mit allen ihm zur Verfügung stehenden Mitteln suchte er zu erreichen, daß der Rhein Frankreichs „natürliche Grenze" wird, was ihm auch beinahe gelungen wäre. Er ging dabei keineswegs zimperlich vor. Er scheute kein ihm zur Verfügung stehendes Mittel, weder Kriege noch Urkundenfälschung, noch Scheinprozesse. Die Ideen dazu sind mit Sicherheit nicht von ihm allein gekommen. Als Frankreich in den in Deutschland tobenden 30jährigen Krieg (1618 bis 1648) eingriff, war er noch ein Kind.

Im Westfälischen Friedensschluß von 1648 erzwang sich Frankreich das Elsaß und Teile der Pfalz. Frankreich begann damit, die Rheinlinie zu befestigen. Ja, man scheute nicht davor zurück, unter Bruch des Friedensvertrages von 1648, auf der rechten Rheinseite Festungen anzulegen, wie zum Beispiel in den badischen Städten Philippsburg und Breisach. Einen zweiten Anlaß für seine Expansionsgelüste fand König Ludwig in der Heirat seines Bruders Philipp von Orléans mit der kurpfälzischen Prinzessin „Lieselotte von der Pfalz". Obwohl der Ehevertrag mit dem pfälzischen Kurfürsten eindeutig und klar jeden Erbanspruch ausschloß, überfiel der Sonnenkönig nach dem Tod des Kurfürsten die Kurpfalz, um sie seinem Reich einzuverleiben.

Im Orleanischen Erbfolgekrieg (1688 bis 1697) verwüstete er nicht nur große Teile der damaligen Kurpfalz, sondern auch anderer deutscher Herrschaften. Er hatte dabei mit den untereinander zerstrittenen deutschen Landesherren in einem schwachen Deutschen Reich ein leichtes Spiel. Doch hat er sich bei diesem Unternehmen übernommen. Beim Friedensschluß im holländischen Rijswijk im Jahr 1697 mußte er die überfallenen Gebiete räumen und die widerrechtlich erbauten Festungen schleifen lassen, darunter auch Breisach.

Ludwig XIV. gab nicht so leicht auf. Auf dem linken Rheinufer, genau gegenüber von Breisach, ließ er ab 1699 eine neue Festung erbauen, die er provokatorisch **Neuf-Brisach (Neu-Breisach)** nannte.

Er bediente sich dabei seines überaus genialen Festungsbaumeisters Sébastien le Prestre de Vauban (1633 bis 1707). Neuf-Brisach ist die letzte Festung, die nach Plänen Vaubans erbaut wurde (siehe auch Kapitel 1 und 10) und die einzige Festung auf der linken Rheinseite, die noch fast vollständig erhalten ist. Zum Heranschaffen des Baumaterials ließ er, ähnlich wie in Landau in der Pfalz, einen Kanal von den Vogesen nach Neuf-Brisach bauen. Vauban sollte die Vollendung der Festung im Jahr 1708 nicht mehr erleben. Militärisch genutzt wurde sie letztmals 1870, als sich die Besatzung nach achttägiger Beschießung ergab.

In Neuf-Brisach haben wir heute noch ein anschauliches Beispiel einer vollendeten Barockfestung vor uns. Der innere Wallgraben hat eine Länge von 2 400 Metern. Die Gräben vor den Vorwerken weisen nochmals einige Kilometer auf.

Wenn man über die Nationalstraße 415 anreist, beginnt man den Rundgang am besten im Süden des Ortes, am *Baseler Tor*. Je nachdem, ob man nur durch den inneren Graben geht, oder ob man die Erkundung auf die Vorwerke ausdehnt, muß man dafür von einer Dreiviertelstunde bis zu mehreren Stunden ansetzen.

Eine Taschenlampe leistet gute Dienste, da viele Gänge und Durchgänge offen stehen und begangen werden können. Dem Entdeckungsdrang der Sprößlinge sind kaum Grenzen gesetzt. An den Ecken der Bastionen sind riesige, schön behauene Schlußsteine angebracht, die leider aus schlechterem Sandstein hergestellt wurden und dadurch häufig schon starke Verwitterungen aufweisen. Auf dem

Moderne Kunst im Festungsgraben von Neuf-Brisach

Rundgang kann man die *Vorbastionen* erkunden, wie Lunetten (Möndchen), Cornichons (Hörnchen), Redouten (Schanzen), Etoiles (Sterne) und wie sie im Fachjargon sonst noch heißen.

An allen vier Hauptrichtungen waren Tore angebracht. Durch das Baseler und das Colmarer Tor (im Norden) rollt heute der Verkehr in den Ort. Manche Teile des *Wallgrabens* wurden neuerdings mit *moderner Kunst* geschmückt. Sie paßt sich jedoch recht gut in das Barockbild ein und besonders Kinder werden ihre Freude daran haben, da es sich zumeist um lustige Figuren handelt. Man sollte nicht versäumen, auch Neuf-Brisach selbst anzuschauen. Wenn man von den wenigen häßlichen Zweckbauten der Neuzeit absieht, vermittelt es auch heute noch ein anschauliches Bild von einer systematisch angelegten Barockstadt, deren *Mittelpunkt* der große, *quadratische Parade- und Exerzierplatz* bildet. Teile der einstigen Kasernen stehen inzwischen leer und sind dem Verfall preisgegeben.

▷ *Wie kommt man nach Neuf-Brisach?*
Mit dem Auto: Aus Breisach über die Rheinbrücke und aus Richtung Colmar auf der N 415

Festungsanlagen in Neuf-Brisach
∞ *Eintritt:* frei

☆ *Einkehrmöglichkeiten:*
in Restaurants in Neuf-Brisach

▭ *Kartenempfehlungen:*
Carte Touristique 1 : 100 000 „St. Dié Mulhouse Bâle“ vom Institut Géographique National, Paris
Generalkarte 1 : 200 000 „Vogesen/Elsaß“

Nichts als Spielzeug

30

Ein Besuch im neuen Spielzeugmuseum in Colmar

Wenn ein Sammler in seinem Leben eine wertvolle Sammlung zusammengetragen hat, ist es geradezu die Regel, daß seine Erben das Lebenswerk in alle Winde zerstreuen, nur um aus dem Erbe möglichst viel Geld herauszuschlagen. Man kann es schon als Glücksfall bezeichnen, wenn dies nicht geschieht. So war es glücklicherweise in Colmar. Der Colmarer Maler Georges Trincot wurde mit der Stadt einig und verkaufte ihr seine gesamte, äußerst wertvolle Spielzeugsammlung. Auf diese Weise konnte die Stadt im Dezember 1993 ihr Spielzeugmuseum eröffnen und die Sammlung der Allgemeinheit zugänglich machen.

Beim Betreten des Museums fangen nicht nur Kinderaugen an zu glänzen, auch den Eltern und ganz besonders den Großeltern steht die freudige Erregung ins Gesicht geschrieben. Kindheitserinnerungen werden wach. Zum Konzept des Museums gehört es, daß man auf Knopfdruck so manches Spielzeug in Betrieb setzen kann. Gleich am Eingang erblickt man in Vitrinen das herrlichste Blechspielzeug. In der Mitte des Raumes können Kinder selbst mit (modernem) Spielzeug spielen. Kasperltheater, Zinnfiguren und ein kleines Karrusell dürfen nicht fehlen. Eine Spezialsammlung ist den früher weit verbreiteten aufziehbaren Tanzaffen gewidmet, die Tschinellen schlagen.

Geradezu vorsintflutliche Puppenwagen findet man neben einer Drehorgel und den bis in die 50er Jahre sehr beliebten Tretautos. Die Modelle von Segelschiffen waren schon immer mehr für die Väter als für die spielenden Söhne gedacht. Bei den Blechspielwaren gibt es sehr wertvolle Eisenbahnen. Die Prachtkutschen waren sicherlich nicht für die Kinder armer Leute bestimmt. Auch die Flugzeuge mit Uhrwerk, die an Schnüren aufgehängt wurden und dann rotierten, fehlen nicht. Während in Deutschland das Pferd hauptsächlich als „Schaukelgaul" in den Kinderstuben zu Hause war, diente es in Frankreich mittels Tretkurbel als Fortbewegungsmittel.

Im ersten Obergeschoß wird in einem kleinen Marionettentheater die Fabel „Der Fuchs und der Storch" des Dichters de la Fontaine im Barockstil aufgeführt. Damit deutsche Eltern ihren Kindern die französischen Texte erläutern können, wird deutschen Besuchern ein Zettel mit dem Inhalt des Stücks mitgegeben. Daneben stehen Dampfmaschinen von Bing und Märklin, wie sie früher in vielen Kinderzimmern zu finden waren.

Selbstredend sind auch Puppen und Puppenküchen mit echtem Miniaturgeschirr zu bewundern. Dagegen wirken moderne Roboter geradezu exotisch.

Die malerische Altstadt von Colmar

Im zweiten Obergeschoß erblickt man drei großflächige Modelleisenbahnen. Bei genauerem Hinsehen, erkennt man jedoch, daß es sich um eine einzige Anlage mit 700 Metern Schienen handelt, die sich um alle vier Wände ausbreitet.

Wenn man das Museum wieder verläßt, hat man ein Spielzeugmuseum gesehen, das im wahrsten Sinne des Wortes lebt.

Zum Abschluß noch ein Tip, wenn man mit dem Auto unterwegs ist. Die Altstadt von Colmar ist Fußgängerzone. Die Parkplatzsuche kann zu einem zeitaufwendigen, entnervenden und umweltbelastenden Unternehmen werden. Am besten sucht man das Parkhaus an der „Place de la Mairie" (Rathausplatz) auf. Dort ist auch der Weg zum „Musée Animé du Jouet" mit braunen Wegweisern beschildert: Nach links durch die „Rue des Clefs" und nochmals links in die „Rue Vauban".

▷ *Wie kommt man nach Colmar?*

Mit dem Auto: Aus Breisach auf der N 415; aus Richtung Strasbourg und aus Richtung Mulhouse auf der A 35/N 83.
Mit öffentlichen Verkehrsmitteln: Colmar ist Schnellzugstation. Das Museum ist mit den Stadtbuslinien 7 und 8 zu erreichen.

Spielzeugmuseum in Colmar (Musée Animé du Jouet)

△ *Öffnungszeiten:*	Februar bis Dezember	
	mittwochs bis montags	10.00 – 12.00 Uhr
	und	14.00 – 18.00 Uhr
	dienstags geschlossen	
∞ *Eintrittspreise:*	Erwachsene	20,00 FF (etwa 6,00 DM)
	Jugendliche 6 bis 18 Jahre	10,00 FF (etwa 3,00 DM)

★ *Auskünfte:*

Musée Animé du Jouet et des Petits Trains, 40, rue Vauban, F-68000 Colmar, Telefon 0 03 33/89 41 93 10, Fax 0 03 33/89 24 55 26

☆ *Einkehrmöglichkeiten:*

Restaurants in Colmar

▭ *Kartenempfehlungen:*

Carte Touristique 1 : 100 000 „St. Dié Mulhouse Bâle" vom Institut Géographique National, Paris
Generalkarte 1 : 200 000 „Vogesen/Elsaß"

Lac Blanc

31

Abenteuerwanderung um den Weißen See (Lac Blanc)

In den Hochvogesen gibt es mehrere kleine Seen. Einige sind natürlichen Ursprungs, einige wurden künstlich angelegt. Die meisten werden heute zur Gewinnung elektrischer Energie genutzt. Auch der *Weiße See,* auf französisch: *Lac Blanc,* wird zur Stromerzeugung herangezogen. Nur sieht man das am See kaum. Das Wasser fließt in Rohren unterirdisch hinunter zum Schwarzen See (Lac Noir) und treibt dort im Kraftwerk die Turbinen an. Der See ist etwa 62 Meter tief.

Der Lac Blanc (Weißer See)

Was den Lac Blanc für uns interessant macht, ist nicht die wirtschaftliche Nutzung, sondern die einmalige Kulisse, die ihn umgibt. Im Westen und Süden ist der See von etwa 200 Meter hohen, fast senkrecht aufragenden Felswänden umgeben. Auf einer ungefährlichen Abenteuerwanderung kann man den See umrunden. Der Abstieg auf dem Felsensteig erfordert zwar ein wenig Kondition, doch gerade dieser Teil des Weges ist wegen der erforderlichen „Kletterei" bei Kindern besonders beliebt.

Den *Parkplatz* mit Kiosk *an der Ostecke des Sees* wählen wir als Ausgangspunkt unserer Wanderung. Das *Wegzeichen gelber Strich* leitet in nordwestlicher Richtung am See entlang. Hier ist das Ufer flach und man kann gefahrlos am Wasser spielen. Ein schmaler, von Baumwurzeln durchzogener Pfad verläuft zur Nordspitze des Sees.

Der Rocher Hans mit der weißen Madonna ist bei Kletterern sehr beliebt

Dort steigen wir auf einem felsigen Pfad zwischen Gebüsch hinauf zum ehemaligen Sanatorium, das heute als *Jugendheim* der Stadt Besançon dient.

Kurz davor wandern wir, jetzt mit der Markierung *roter Strich,* links hinauf. Fast schon auf der Höhe angelangt, gabelt sich der Weg zum zweiten Mal. Wir wählen den halblinken, mit *rot-weiß-rot* gekennzeichneten Pfad. Fast eben verläuft er anschließend auf der Krone der westlichen Seewand. Zwischen Latschen und verkrüppelten Ebereschen (Vogelbeerbäumen) öffnen sich immer wieder Ausblicke über weite Teile der Hochvogesen. Tief unter uns liegt der See, und er sieht von hier oben eher düster aus und schon gar nicht weiß.

Oberhalb der Südspitze des Weißen Sees sprudelt nur wenige Meter unter der Gipfelhöhe der armdicke Strahl einer Quelle. Eine *Sitzgruppe* lädt zum Verweilen ein. Hier biegen wir links ab, wobei wir uns auch in der Folge links am Steilabfall orientieren. Zwischen und über Granitfelsblöcken steigen wir abwärts. Der Abstieg wird ein wenig anstrengend, da die Felsstufen nicht der DIN-Norm entsprechen. Es ist eine großartige, wildromantische Felslandschaft, die uns umgibt. Links ragt die bei Kletterern beliebte Felsnadel *Rocher Hans* mit der weißen Madonna auf. Wir klettern weiter bergab und sind bald wieder am *Ausgangspunkt.*

▷ *Wie kommt man zum Lac Blanc?*
Mit dem Auto aus Richtung Colmar auf der N 415 in Richtung St. Dié bis Hachimette, dann auf der D 48 über Orbey zum Lac Blanc.

○ *Weglänge:* etwa 6 km

☆ *Einkehrmöglichkeiten:*
In der Auberge beim Parkplatz am Lac Blanc oder auf der Paßhöhe Col du Calvaire oberhalb des Sees.

▭ *Kartenempfehlungen:*
Carte Touristique 1 : 100 000 „St. Dié Mulhouse Bâle“
Carte des Vosges 1 : 25 000 „3718 OT Colmar“
beide vom Institut Géographique National, Paris
Generalkarte 1 : 200 000 „Vogesen/Elsaß“

Pfui Spinne! 32

Das Vivarium in der alten Mühle von Lautenbach-Zell

Da steht die **alte Mühle im Dörfchen Lautenbach-Zell** im Tal der Lauch. Draußen dreht sich ein überdimensioniertes mittelschlächtiges Mühlrad, das keine Funktion mehr erfüllt, außer, daß es durch sein Drehen zum Besuch der Mühle animieren soll. Bevor sie stillgelegt wurde, drehte sich hier schon lange kein Mühlrad mehr. Die Mühle wurde (fortschrittlich) mit einer Turbine betrieben, wie man sich durch einen Blick in das noch vorhandene Turbinenhaus mit der Turbine selbst überzeugen kann. Drinnen ist im Erdgeschoß und im Obergeschoß noch ein Teil der originalen Mühleneinrichtung zu sehen.

Doch gemahlen wird hier nicht mehr, höchstens ab und zu gemalt zum Beispiel bei Wettbewerben. Die Mühle beherbergt heute ein **Vivarium**, das exotische Insekten, Spinnen und Schnecken in allen ihren Lebensstadien zeigt. Ein Nachteil für Deutsche: Die Texte sind alle in französisch gehalten.

Außenanlage des Vivariums Lautenbach-Zell

Ein Teil der Vitrinen im Erdgeschoß ist den vielfältigen Arten der Stabheuschrecken vorbehalten. Ebenso vielfältig ist ihre Tarnung als lebloses Holz oder Laub. Bei manchen Arten ist diese Tarnung so perfekt, daß man einige Zeit braucht, um sie zu entdecken.

In einem Schaukasten werden die verschiedenen Stadien der Vogelspinne vom Alter von zwei Monaten bis zu 30 Monaten gezeigt. Allerdings leben diese Tiere nicht mehr. Desweiteren ist sicher hinter Glas ein Ameisenhaufen zu sehen mit einer „Ameisenstraße". Die

Kinder nützen hier gerne die Möglichkeit, durch einen Tunnel zu kriechen und durch Glaskuppeln die rote Waldameise gefahrlos aus allernächster Nähe beobachten zu können.

Im Obergeschoß kann man den Blattschneiderameisen bei ihrer Arbeit zuschauen. Sie transportieren riesige Blattstücke, die ein Vielfaches größer als sie selbst sind, über sehr große Entfernungen. Weiterhin sieht man hier Riesenspinnen, die so groß wie eine Männerhand sind, aber auch Skorpione, alles sicher in Vitrinen untergebracht.

Wer des Schauens müde oder überdrüssig ist, kann auf der Wiese vor der Mühle Picknick machen. Die Kleinen werden sich hier jedoch mehr für die Zwergziegen und Zwergschafe interessieren. Wer noch ein Stück weiter talaufwärts in Richtung Markstein fährt, kommt auf halber Höhe zu einem kleinen Stausee, dem **Lauchsee** (**Lac de la Lauch**). An seinen flach verlaufenden Ufern können Kinder ungefährdet im und am Wasser spielen. Für das leibliche Wohl sorgt das Restaurant nebenan.

▷ *Wie kommt man zum Vivarium Lautenbach-Zell?*
Aus Richtung Strasbourg/Colmar auf der N 83, dann auf der D 430 über Guebwiller in Richtung „Markstein" nach Lautenbach-Zell. Aus Richtung Mulhouse auf der D 430 über Guebwiller in Richtung „Markstein" nach Lautenbach-Zell.

Vivarium du Moulin in Lautenbach-Zell

△ *Öffnungszeiten:*	März bis Juni und September bis Dezember	
	dienstags bis sonntags	14.00 17.00 Uhr
	Juli und August	
	täglich	10.00 – 18.00 Uhr
∞ *Eintrittspreise:*	ohne Animation	
	Erwachsene	20,00 FF (etwa 6,00 DM)
	Kinder	10,00 FF (etwa 3,00 DM)

★ *Auskünfte:*
Vivarium du Moulin, 6, rue du Moulin, F-68610 Lautenbach-Zell, Telefon 0 03 33/89 74 02 48, Fax 0 03 33/89 76 30 25

☆ *Einkehrmöglichkeiten:*
in Lautenbach-Zell und am Lauchsee

▭ *Kartenempfehlungen:*
Carte Touristique 1 : 100 000 „St. Dié Mulhouse Bâle"
Generalkarte 1 : 200 000 „Vogesen/Elsaß"

Ein besonderes Freilichtmuseum 33

Ein Besuch im Ecomusée d'Alsace bei Ensisheim im Oberelsaß

Nach dem 2. Weltkrieg sind in vielen Ländern Europas Freilichtmuseen geschaffen worden mit dem Ziel, baugeschichtlich bedeutsame Haustypen und deren Einrichtung für die Nachwelt zu erhalten. Die meisten der in den 60er Jahren entstandenen Museen sind sehr weitläufig. Man hat darin die Haustypen verschiedener Regionen zu Weilern zusammengefaßt und diese Weiler über ein großes Gelände verteilt. Schöne Beispiele für diesen Museumstyp sind das Österreichische Freilichtmuseum nördlich von Graz, das Schweizerische Freilichtmuseum Ballenberg im Berner Oberland oder die meisten Landschaftsmuseen in Deutschland.

Ein anderes Konzept verfolgt das Ecomusée d'Alsace unweit des oberelsässischen Städtchens Ensisheim. Das Museum selbst umfaßt ein sehr großes Areal auf dem Gelände von stillgelegten Kalibergwerken. Der Kern des Museums ist zu einem richtigen Dorf zusammengefaßt. Wer in das Ecomusée kommt, um in jedem Haus eine komplette stil- und epochengerechte Einrichtung zu finden, ist hier fehl am Platze. In den Museen, wo dies der Fall ist, sind die Räume zumeist in einer Weise überladen, wie das in solchen Häusern nie der Fall war. Man muß sich vorstellen, daß die Häuser in früheren Zeiten vielfach sehr karg ausgestattet waren, auch bei wohlhabenden Bürgern.

Das Ecomusée ist ganz anders. Das Ecomusée lebt! Es ist ein lebendiges Dorf. Bei jedem Haus befindet sich ein Garten, der nicht nur mit Blumen, sondern auch mit Gemüse und Kräutern bepflanzt ist. In den Ställen steht das Vieh, angefangen von Ziegen über Ochsen, Kühen bis zu Pferden. Hier werden Kaninchen gehalten und Schafe blöken, Hühner gackern und der Hahn kräht. Es fehlt schon gar nicht der „Donnerbalken", die Toilette, die nach dem Gesetz des freien Falls funktioniert, mit dem Herzchen in der Tür. Man riecht hier die Landwirtschaft. Dazu tragen nicht zuletzt die Misthaufen bei, die alles andere als museal sind. Sie sind immer neuesten Datums.

Das hier dominierende Tier ist kein Haustier im üblichen Sinn. Es ist ein Vogel. Der Klapperstorch. Er ist allgegenwärtig. Schon bevor man das Museum betritt, kommt man an der Storchenaufzuchtstation vorüber.

Selbstverständlich sind die verschiedenen Werkstätten nicht nur zum Anschauen da; zu ganz bestimmten Zeiten sind sie in Betrieb.

Logo des Ecomusée

Vier niedliche Hasen

Da kann man dem Schmied bei seiner Arbeit zusehen. Das gleiche gilt für den Zimmermann, das Sägewerk, die Töpferei, die Schreinerei oder die Ölmühle. Es muß nicht extra betont werden, daß man die Landwirtschaft in vielen Einzelheiten erleben kann, sei es beim Schweinefüttern, beim Kühemelken oder bei der Stallarbeit allgemein. Selbstverständlich fehlen auch nicht uralte Ackerschlepper, die in einem Schuppen untergebracht sind.

Wenn ein Kind einmal vom Musealen ein wenig die Nase voll hat, gibt es andere Abwechslungen, wie das Kasperltheater, eine Fahrt mit dem Ochsenfuhrwerk, dem Karussell aus dem Jahr 1909 im Eden Palladium, wo man auch auf der Sau reiten kann, oder mit dem Fischerboot auf den Kanälen und Bächen im Museumsgelände. Wer einmal eine elsässische Schule erleben will, findet hier dazu die Gelegenheit. Elsässische Geschichte wird am Beispiel der Schulgeschichte dargestellt.

Zumindest in den Sommermonaten gibt es fast täglich Sonderveranstaltungen, die nicht unbedingt mit den Zielen des Museums in Verbindung stehen.

Das Ecomusée ist ein Erlebnis für die gesamte Familie, ganz besonders für die Kinder! Der Eintrittspreis erscheint auf den ersten Blick als nicht gerade billig. Wenn man ihn auf der Preistafel liest, zuckt man erst einmal zusammen. Bootsfahrt und Karussell sind die einzigen Leistungen, für die zusätzlich bezahlt werden muß. Ansonsten ist alles im Eintrittspreis inbegriffen. Wenn man das Museum verläßt, ist man der Meinung, daß der Preis gerechtfertigt ist für alles, was es hier zu sehen und zu erleben gibt.

Spaziergang im Museumsgelände

Übrigens, mit der *Eintrittskarte* kann man *sechs Tage lang* in das Museum, wenn man das an der Kasse vermerken läßt. Und wer will, kann sogar hier übernachten. Dem Museum ist ein gepflegtes Hotel angegliedert. Alle Tafeln und Hinweise sind auch in deutsch gehalten. Das ist besonders wichtig für Besucher, die nicht französisch sprechen.

Da die Besichtigung des Ecomusée nicht in ein oder zwei Stunden „abgewickelt" werden kann, stellt sich während des Besuchs zwangsläufig die Frage nach dem leiblichen Wohl. Im Museumsgelände werben *zwei Restaurants* um die Gäste. In beiden kann man recht preiswert und gut essen. Das Spektrum des Angebots reicht vom Imbiß bis zum kompletten Menu. In der *Bäckerei* (sie ist nur von außerhalb zugänglich) kann man außerdem typisch elsässische Backwaren erstehen.

Nach dem Verlassen des Museumsgeländes ist die Eintrittskarte nicht wertlos (abgesehen davon, daß sie sechs Tage gilt). Man kann damit noch die ehemalige **Kalimine Carreau Rodolphe** gegenüber vom Parkplatz besichtigen.

Schon die Anfahrt zum Ecomusée kann zum Erlebnis werden, wenn man über die Autobahn A 35 anreist. Das **Städtchen Ensisheim** weist noch einige Gebäude auf, die darauf hinweisen, daß es früher einmal die Hauptstadt der habsburgischen (österreichischen) Vorlande war. Heute ist Ensisheim eine blühende Stadt im wahrsten Sinne des Wortes. Der Blumenschmuck ist eine wahre Augenweide. Der Weg zum Ecomusée ist geradezu gesäumt von Fördertürmen stillgelegter Kalibergwerke.

▷ *Wie kommt man zum Ecomusée d'Alsace?*
Mit dem Auto: Über die A 35 (sowohl aus Richtung Strasbourg als auch aus Richtung Basel/Mulhouse) bis zur Ausfahrt Ensisheim. Der Weg von der Autobahn zum Museum ist sehr gut beschildert. Nach der Ortsdurchfahrt von Ensisheim kann man sowohl über Pulversheim als auch über Ungersheim fahren.

Ecomusée d'Alsace

△ *Öffnungszeiten:*	ganzjährig täglich	
	Juli und August	9.00 – 19.00 Uhr
	April bis Juni und September	9.30 – 18.00 Uhr
	März und Oktober	10.00 – 17.00 Uhr
	November bis Februar	10.30 – 16.30 Uhr

∞ *Eintrittspreise:*	Erwachsene	74,00 FF (etwa 21,50 DM)
	Kinder ab 6 Jahre	44,00 FF (etwa 12,50 DM)
	Kinder unter 6 Jahren	frei

Die Eintrittskarte gilt für 6 Tage, wenn man dies an der Kasse vermerken läßt.

★ *Auskünfte:*
Ecomusée d'Alsace, B.P. 71, F-68190 Ungersheim,
Telefon 0 03 33/89 74 44 44, Fax 0 03 33/89 74 44 65 oder für deutschsprachige Informationsprogramme 0 03 33/89 74 44 45.

☆ *Einkehrmöglichkeiten:*
im Ecomusée

▭ *Kartenempfehlungen:*
Carte Touristique 1 : 100 000 „St. Dié Mulhouse Bâle"
Carte des Vosges 1 : 50 000 „Ste. Odile Donon Haut-Koenigsbourg"
beide vom Institut Géographique National, Paris
Generalkarte 1 : 200 000 „Vogesen/Elsaß"

Im „Schlumpfmuseum" 34

Ein Besuch im Automuseum in Mühlhausen (Mulhouse)

Museen herkömmlicher Art, in denen die Ausstellungsstücke in großer Zahl lückenlos aufgereiht sind, locken heute kaum noch ein Kind vom Spielplatz oder gar vom Computer weg. Doch gibt es auch Ausnahmen, insbesondere, wenn es sich um ein Auto- oder ein Eisenbahnmuseum handelt.

Ein Automuseum, in dem Hunderte von Automobilen vom Kleinstwagen bis zur Staatskarrosse aufgereiht stehen, gibt es in der oberelsässischen Großstadt **Mühlhausen** (**Mulhouse**) in der „Avenue de Colmar" zu besichtigen. Das **Musée Nationale de l'Automobile**, wie es exakt heißt, ist ein Automuseum besonderer Art und besitzt eine ungewöhnliche Geschichte. Es ist wohl das größte Automuseum Europas. Zumindest besitzt es die größte Zahl von historischen Vehikeln.

Während die staatliche französische Eisenbahngesellschaft jahrzehntelang historisch bedeutende Eisenbahnfahrzeuge gesammelt hat, um sie später im Mühlhausener Eisenbahnmuseum der Öffentlichkeit zugänglich zu machen, basieren die heute unschätzbaren Werte im Automuseum auf der Sammelwut von Privatleuten. Es waren die Brüder Schlumpf, Schweizer Fabrikanten, die im Elsaß, darunter in Mühlhausen, Textilfabriken besaßen. Sie entwickelten eine Sammelleidenschaft für alte Autos und venezianische Lüster.

Eine besondere Vorliebe besaßen sie für die Erzeugnisse des Italieners Ettore Bugatti, der in dem elsässischen Städtchen Molsheim bis 1960 eine kleine Automobilfabrik betrieb. Hier stellte er, überwiegend in Handarbeit, Autos her, die aus dem üblichen Rahmen fielen und meistens blau lackiert waren. Dazu gehört der legendäre Bugatti Royale, von dem nur sieben Stück gebaut wurden und von denen drei in Mühlhausen zu finden sind. Dieses Luxusgefährt, es war für 80 000 bis 120 000 Goldmark zu haben, besaß einen Achtzylinder-Motor mit 12 Liter Hubraum und wog 3,5 Tonnen. Die Brüder Schlumpf besaßen die größte Bugatti-Sammlung der Welt.

Darüber hinaus erstreckte sich ihre Sammelleidenschaft auf alles, was auf dem Autosektor selten und teuer war und noch ist. So kann man heute in Mühlhausen eine beachtliche Flotte von rot lackierten Ferraris bewundern. Wenn sich deutsche Museen rühmen, *einen* Mercedes SSK zu besitzen, die Schlumpfs hatten gleich mehrere. Daneben kann man Rolls Royce, Bentley und alle französischen Fabrikate, wie Renault, Peugeot, Talbot, De Dion Bouton, Panhard-Levassor, Delahaye, Hotchkiss und viele andere bewundern. Aufgebockt stehen sie chromglänzend in Reih und Glied auf einem Kiesbett, wobei die einzelnen Fabrikate zu Gruppen zusammengefaßt sind.

Wohl kaum ein Privatmann besitzt soviel Geld, um solche Schätze kaufen zu können, auch die Brüder Schlumpf nicht. Um ihrer Leidenschaft fröhnen zu können, vernachlässigten sie ihre Textilfabriken, mit denen sie eigentlich das Geld dafür erwirtschaften sollten. Sie investierten nichts mehr, was dazu führte, daß die Fabrikation veraltete und keinen Gewinn mehr abwarf. Das wiederum löste den Konkurs, um nicht zu sagen, den Bankrott aus. Das war im Jahr 1976. Erst im April 1977 wurden die Fabriken geschlossen und 1 300 Arbeiter entlassen. Zum Schluß hat man ihnen viele Monate lang keinen Lohn mehr ausbezahlt.

Und damit begann die eigentliche Geschichte des Museums. Da der Verdacht aufkam, daß die Brüder Schlumpf ihre gesammelten Schätze in das Ausland, sprich: die Schweiz, verbringen würden, besetzten die Arbeiter kurzerhand die Fabrik und machten das „Arbeitermuseum" der Öffentlichkeit zugänglich, um aus den Eintrittsgeldern wenigstens einen Teil der ausstehenden Löhne zu erlösen. In wenigen Monaten konnte das Museum 200 000 Besucher zählen. Die Angst der Arbeiter war nicht unbegründet. Schon kurz nach dem Konkurs setzten sich die Brüder Schlumpf in ihre schweizerische Heimat ab. In Abwesenheit wurden sie wegen Konkursvergehens und Unterschlagung von Gesellschaftskapital zu mehrjährigen Haftstrafen verurteilt.

Obwohl auch das Vorgehen der Arbeiter ungesetzlich war, widersetzten sie sich fünf Jahre lang unter großem Beifall der Bevölkerung der französischen Justiz. Das Museum war zugleich zu einem Denk-

Im „Schlumpfmuseum" Mühlhausen (Mulhouse)

mal spätkapitalistischer Ausbeutung geworden. Die juristische Auseinandersetzung um ihre Sammlungen verlief für die Schlumpfs eine Zeit lang nicht schlecht. Dann gelang der französischen Regierung ein Schachzug: Der Staat beschlagnahmte die wertvollen Autos als Ersatzleistung für ausstehende Steuern und Abgaben, während die ebenfalls wertvolle Sammlung venezianischer Lüster in die Schweiz wanderte. So konnte 1982 das Museum als **Musée Nationale de l'Automobile** wieder eröffnet werden, jetzt als staatliche Einrichtung.

Wenn man das Museum betritt, bleibt man unwillkürlich erst einmal stehen und ist schon vom Anblick überwältigt. Es ist die Werkshalle eines bereits 1958 geschlossenen Teiles der Textilfabrik. Aber, was für einer Werkshalle! An den gußeisernen Säulen sind 800 Lampen befestigt, die dem Jugendstil nachempfunden sind. Die Brüder Schlumpf ließen sie extra in Italien für mehrere tausend Francs pro Stück herstellen. Aus Gründen der Stromersparnis ist immer nur ein Teil davon eingeschaltet. Nur ab und zu flammen alle 800 Leuchter auf und tauchen die Halle in ein gleißendes Licht. Wenn das an der rechten Wand stehende belgische Orchestrion aus dem Jahr 1909 ertönt, wenden sich plötzlich die Blicke von den gepflegten Karrossen ab, um eine andere Art von Nostalgie zu erleben.

Natürlich gilt auch hier: „Das Berühren der Figüren mit den Pfoten ist verboten!" Eine Ausnahme gibt es allerdings: Ein Auto aus der Zeit des beginnenden 20. Jahrhunderts (oder ist es ein geschickter Nachbau?) darf bestiegen werden. Zum Zwecke des Fotografierens für ein unvergeßliches Erinnerungsbild wird hiervon rege Gebrauch gemacht.

Für die Kleinen, die vom vielen Schauen das Interesse verlieren, gibt es im Außenbereich einen Spielplatz mit vielen Häuschen. Außerdem befindet sich in einem Nebengebäude der sogenannte Entdeckungsbereich, wo größere Kinder die Funktion von Motoren, Getriebe und Lenkung studieren können. Sie dürfen hier auch Motoren und Fließbänder in Betrieb setzen.

Kein Kind, schon gar nicht die Eltern, werden sich in diesem Museum langweilen.

▷ *Wie kommt man zum Automuseum?*

Mit dem Auto: Über die A 35/A 36 (sowohl aus Richtung Strasbourg als auch aus Richtung Basel/Freiburg) bis zur Ausfahrt Mulhouse-Centre. Der Weg von der Autobahn zum Museum ist sehr gut mit braunen Wegweisern beschildert. Entweder ist darauf ein stilisierter Oldtimer zu sehen oder der Hinweis „Musée National de l'Automobile". Das Museum ist ab Hauptbahnhof mit dem Bus zu erreichen.

Musée Nationale de l'Automobile (Automuseum)

△ *Öffnungszeiten:* 1. Mai bis 30. September
täglich außer dienstags
1. Januar und 25. Dezember geschlossen

∞ *Eintrittspreise:*

Erwachsene	57,00 FF (etwa 17,00 DM)
Kinder 6 bis 18 Jahre und Studenten	27,00 FF (etwa 8,00 DM)
Kinder unter 6 Jahren	frei
Gruppenermäßigung ab 20 Personen	46,00 FF (etwa 14,00 DM)
Kombikarte für das Auto-, Eisenbahn- und Feuerwehrmuseum	81,00 FF (etwa 24,50 DM)

◇ *Führung:* 180,00 FF (etwa 36,00 DM)

★ *Auskünfte:*
Musée National de l'Automobile, 192 Avenue de Colmar,
F-68100 Mulhouse, Telefon 0 03 33/89 42 29 17,
Fax 0 03 33/89 32 08 09

☆ *Einkehrmöglichkeiten:*
Im Museum gibt es einen Selbstbedienungsteil und ein Restaurant mit Bedienung (hier nur komplette Menus).

▭ *Kartenempfehlungen:*
Carte Touristique 1 : 100 000 „St. Dié Mulhouse Bâle", vom Institut Géographique National, Paris
Generalkarte 1 : 200 000 „Vogesen/Elsaß"

Als die Bahn noch dampfte ... 35

Ein Besuch im Eisenbahnmuseum in Mühlhausen (Mulhouse)

Während wir in Deutschland so stolz auf unsere Technikgeschichte sind, wurde doch lange Zeit sehr wenig getan, um hervorragende Beispiele aus der Technik für die Nachwelt zu erhalten. Da wurden und werden noch beispielgebende Industriebauten dem Erdboden gleichgemacht. Wertvolle Maschinen von historischer Bedeutung wurden einfach verschrottet. Das gilt inbesonders für die Eisenbahn. Reihenweise wurden Lokomotiven auf den Schrottplatz gekarrt und mittels Schneidbrenner in handliche Stücke zerkleinert. Sammler zogen regelmäßig den Kürzeren, wenn sie nicht die recht horrenden Schrottpreise an die Deutsche Bundesbahn bezahlen konnten. Die Technikgeschichte spielte hier keine Rolle.

Das merkte auch die Bundesbahn, als sie sich anschickte, im Jahr 1985 das 150jährige Jubiläum der deutschen Eisenbahnen zu feiern. Plötzlich stellten die Verantwortlichen fest, daß die Bahn so gut wie nichts für eine historische Ausstellung zu bieten hatte. Händeringend baten sie private Sammler und Museen, denen man noch zuvor die kalte Schulter gezeigt hatte, sie mögen doch ihre Sammlerstücke zur Verfügung stellen. Die meisten dieser Lokomotiven und Eisenbahnwagen stammten aus der damaligen DDR und aus Ostblockländern, wo sie als Beute- oder Reparationsgut in Dienst standen. Da alle diese Länder Devisen benötigten, konnte man damals so manches Schnäppchen machen.

Auf privater Initiative begannen Ende der 60er Jahre die ersten, noch zaghaften Bemühungen, historische Züge fahren zu lassen. Da die Bundesbahn nach 1977 keine Dampfloks auf ihren Strecken zuließ, war man auf Privatbahnen oder stillgelegte Strecken angewiesen. Heute gibt es in ganz Deutschland eine große Zahl von Museumsbahnen und jährlich kommen neue dazu. Erst beim Eisenbahnjubiläum merkte auch unsere Bahn, daß man mit Oldtimern Geld verdienen kann. Inzwischen mischt auch die Deutsche Bahn AG munter mit!

Wie anders verlief diese Entwicklung in Frankreich. Mit Museumsbahnen tut man sich hier zwar immer noch schwer. Dagegen hat man beim Erhalt historisch bedeutender Schienenfahrzeuge schon sehr früh die Weichen gestellt. Bereits Anfang der 50er Jahre begann man damit, solche Fahrzeuge zu sammeln, sie in einen guten Zustand zu versetzen und sie zu pflegen. Zu damaliger Zeit wußte man noch nicht, wann und wo sie einmal der Öffentlichkeit zugänglich gemacht werden sollten.

Eisenbahnmuseum Mühlhausen (Mulhouse)

Seit 1971 besteht in der oberelsässischen Industriestadt **Mühlhausen (Mulhouse)** ein **Eisenbahnmuseum**. Man könnte direkt vor Neid erblassen, wenn man sieht, in welch hervorragendem Zustand sich die Ausstellungsstücke befinden. Beim Vergleich mit Deutschland muß man berücksichtigen, daß in Frankreich ausreichend staatliche Gelder in diese Sammlungen flossen, während man bei uns auf Mitgliedsbeiträge und Spenden angewiesen war und immer noch ist.

Noch eines unterscheidet das Mühlhausener Eisenbahnmuseum von entsprechenden deutschen Museen: Man beschränkt sich hier nicht auf Fahrzeuge, wie Lokomotiven und Wagen. Man zeigt auch die Technik rund um die Eisenbahn. Und auch hier hat Frankreich einiges zu bieten! Während in Deutschland Technik in ihrer Ausführung überwiegend zweckgerichtet und demgemäß nüchtern war, wirkten in Frankreich Künstler an der Gestaltung technischer Einrichtungen mit. Auf neudeutsch würde man das heute als Stiling oder als Design bezeichnen. Ein hervorragendes Beispiel dafür ist ein ausgestellter Eisenbahnkran. Er besteht nicht nur aus Zahnrädern, Seilen und Haken. In diesem Fall ist es ein Löwe, der die Achse des Krans im Maul hält. Sein Maul dient als Achslager. Auch „Kleinigkeiten" wurden künstlerisch gestaltet. Früher gab es auf allen Bahnhöfen und auf den Bahnsteigen größerer Bahnhöfe Wasserhähne und Waschbecken. In Mühlhausen zeigt man, wie sie in Frankreich gestaltet wurden.

Beim Besuch des Museums tritt noch ein weiterer Unterschied zwischen deutschen und französischen Museen zutage. Während man in Deutschland bemüht ist, ein möglichst breites Spektrum des Fahrzeugparks zu bieten, wird in Mühlhausen deutlich, daß hier den besonders „attraktiven" Fahrzeugen klar der Vorrang gegeben wurde. Das Museum widmet sich vorwiegend den Schnellzuglokomotiven und den Salonwagen, während die anderen ein wenig stiefmütterlich behandelt werden.

Gleich am Eingang bei der Kasse steht die Lokomotive „Aigle" (Adler). Es ist nicht die 1835 in Nürnberg in Dienst gestellte erste deutsche Lokomotive, sondern eine frühe französische Maschine. Bevor man die eigentlichen Ausstellungshallen betritt, kommt man in das Freigelände mit den technischen Nebeneinrichtungen der Bahn, wie Stellwerk, Drehscheibe, Signaleinrichtungen, Bahnhof mit Wartesaal (1. Klasse) und Bahnsteiganlagen.

Dann kommt man in die große Lokomotivhalle mit den polierten, kupfer- und messingglänzenden Giganten der Schiene. Und wenn man typische Bahnhofsgeräusche hört, beginnen sich die Triebwerke der wuchtigen, stromlinienverkleideten Schnellzuglokomotive 232 U.I. zu bewegen, wobei man gleichzeitig das Stampfen und Fauchen der anfahrenden Lok akkustisch vernimmt. Interessanterweise findet man hier auch eine deutsche Lokomotive, die für die französischen Bahnen gebaut wurde. Am Beispiel der Lok 3.1102 kann man das „Innenleben" einer Dampflok studieren.

Eine weitere Gruppe ist den Personenwagen, genauer gesagt, den Salon-, Speise- und Schlafwagen gewidmet. Besonders interessant sind zwei doppelstöckige Wagen, ein Beispiel dafür, daß solche Wagen bereits im 19. Jahrhundert gebaut wurden. Einer davon hat unten Zweiter-Klasse-Abteile und oben offene Vierter-Klasse-Bänke, wo die „Fahrgäste" doch sehr luftig saßen und Wind und Wetter ausgesetzt waren.

Gegenüber vom Salonwagen für Kaiser Napoleon III. stehen frühe Ausführungen von Triebwagen. Außergewöhnlich sind für uns die Triebwagen mit Gummibereifung, die eine große Laufruhe versprachen. Sie liefen bereits in den 30er Jahren des 20. Jahrhunderts. Man entdeckt, daß der geniale Konstrukteur Ettore Bugatti nicht nur außergewöhnliche Autos gebaut hat, sondern auch sehr fortschrittliche Stromlinientriebwagen. Dieser und ein weiterer Stromlinientriebwagen der Firma Renault haben ab 1935 französische Bahnstrecken befahren. Beide besaßen sehr komfortable Polstersitze.

Weitere interessante Objekte kann man bestaunen, einen beigeroten Dampftriebwagen und einen Triebwagen für Nebenstrecken mit einer langen Schnauze wie ein altertümlicher Omnibus. In eine alte Elektrolok kann man einsteigen und ihre „Eingeweide" studieren. Unter den Elektroloks befindet sich auch die legendäre BB-9004, mit der am 29. März 1955 der Geschwindigkeitsweltrekord mit 331 Stundenkilometern aufgestellt wurde. Mit einigen wenigen Dieselloks wird das Ausstellungsprogramm abgerundet.

Interesse wird bei Kindern die Kleinbahn erwecken, mit der man im Außengelände einige Runden mitfahren kann. Wer hungrig und durstig geworden ist, kann sich im Restaurant wieder stärken.

Die meisten Texte sind auch in deutsch gehalten.

Infoteil nach Kapitel 36

Tatütata, die Feuerwehr ist da! 36

Ein Besuch im Feuerwehrmuseum in Mühlhausen (Mulhouse)

Gleich rechts vom Eingang des Eisenbahnmuseums in **Mühlhausen** (**Mulhouse**, siehe Kapitel 35) befindet sich ein **Feuerwehrmuseum**, das mit der gleichen Eintrittskarte besichtigt werden kann. Auf dem Weg dorthin passiert man eine Ausstellung von Eisenbahnschwellen. Dabei wird demonstriert, wie vielfältig die Holzarten und Holzqualitäten waren, je nachdem für welche Art von Bahnen sie bestimmt waren. Selbst exotische Edelholzarten sind hier vertreten.

Im Verhältnis zum Eisenbahnmuseum ist das Feuerwehrmuseum recht klein. Gleich beim Eingang sieht man von Handpumpen bis zu Tragkraftspritzen einen Querschnitt durch die Kleinspritzen und ihre Geschichte. Gegenüber sind alte Feuerwehrautos aufgereiht, wobei die französische Marke Delahaye dominiert. Ein Feuerwehrmotorrad der Feuerwehr Mulhouse fehlt nicht. Mit Erstaunen stellt man fest, daß es sich um eine BMW mit Boxermotor handelt. Doch so erstaunlich ist das nicht, wenn man weiß, daß die französische Polizei vor und nach dem 2. Weltkrieg überwiegend mit BMW-Motorrädern ausgerüstet war.

Zu den Kuriosa zählen zwei in England gebaute, dampfbetriebene Feuerwehrspritzen. Im Untergeschoß befinden sich Ledereimer, Strahlrohre und eine Reihe von Handpumpen aus dem 19. und sogar 18. Jahrhundert. Auf alten Fotografien präsentieren sich die stolzen Feuerwehrmänner in ihren schmucken Uniformen.

Im Obergeschoß läßt sich die Geschichte der Feuerwehrhelme nachvollziehen, wie sie sich vom Prunkhelm zum schlichten, zweckgebundenen Helm unserer Zeit entwickelt haben. Darunter ist eine Vitrine historischen deutschen Helmen gewidmet. Daß in Frankreich die Feuerwehr militärisch ausgebildet und teils auch ausgerüstet war, erkennt man an der reichhaltigen Sammlung von Degen. Abgerundet wird das Ganze von Orden und Abzeichen.

Nur der Vollständigkeit halber sei darauf hingewiesen, daß sich neuerdings neben dem Eisenbahn- und Feuerwehrmuseum das *Museum Electropolis* befindet, mit dem Untertitel „Musée de l'energie électrique Mulhouse" (Museum für elektrische Energie), das sich der Geschichte der Elektrotechnik vom ersten Dynamo bis zur modernen Elektronik widmet.

▷ *Wie kommt man zum Eisenbahnmuseum?*
Mit dem Auto: Über die A 35/A 36 (sowohl aus Richtung Strasbourg als auch aus Richtung Basel/Freiburg) bis zur Ausfahrt Mulhouse-Ouest. Der Weg von der Autobahn zum Museum ist sehr gut mit braunen Wegweisern beschildert. Entweder ist darauf eine stilisierte Lokomotive zu sehen oder der Hinweise „Musée du Chemin de Fer".
Mit öffentlichen Verkehrsmitteln: Das Museum ist mit den Buslinien 17 und 18 zu erreichen.

Eisenbahnmuseum (Musée Francais du Chemin de Fer) Feuerwehrmuseum (Musée du Sapeur-Pompier)

△ *Öffnungszeiten:*	1. April bis 30. September	
	täglich	9.00 – 18.00 Uhr
	1. Oktober bis 31. März	
	täglich	9.00 – 17.00 Uhr
	1. Januar, 25. und 26. Dezember geschlossen	

∞ *Eintrittspreise:*	Erwachsene	44,00 FF (etwa 13,00 DM)
	Kinder 6 bis 18 Jahre und Studenten	20,00 FF (etwa 6,00 DM)
	Kinder unter 6 Jahren in Gruppen	8,00 FF (etwa 2,50 DM)
	Gruppenermäßigung ab 20 Personen	35,00FF (etwa 11,00 DM)
Kombikarte für das Eisenbahn-, Feuerwehr und das Automuseum		81,00 FF (etwa 24,50 DM)

★ *Auskünfte:*
Musée francais du Chemin de Fer, 2, rue Alfred de Glehn, F-68200 Mulhouse, Telefon 0 03 33/89 42 83 33, Fax 0 03 33/89 42 41 82

☆ *Einkehrmöglichkeiten:*
Im Museum gibt es einen Selbstbedienungsteil und ein Restaurant mit Bedienung (hier nur komplette Menus).

▭ *Kartenempfehlungen:*
Carte Touristique 1 : 100 000 „St. Dié Mulhouse Bâle" vom Institut Géographique National, Paris
Generalkarte 1 : 200 000 „Vogesen/Elsaß"

Allerlei Tiere und Pflanzen

37

Der Zoologische und Botanische Garten in Mühlhausen (Mulhouse)

Daß der **Mühlhausener Zoo** (Zoo de Mulhouse) zugleich ein großartig gestalteter **botanischer Garten** ist, wird eher die Eltern, als die Kinder interessieren. Deshalb wollen wir uns hauptsächlich im Zoo umsehen und nur nebenbei die Pflanzenwelt genießen. Er liegt im Süden der Stadt, wo der hoch aufragende Funkturm steht. Die meisten zoologischen Texte sind auch in deutsch zu lesen. Der botanisch Interessierte findet dagegen nur die lateinischen Bezeichnungen. Über den Park verteilt gibt es mehrere Picknickplätze.

Der Zoo besticht durch seine Weitläufigkeit. Er ist in einem Wald untergebracht. Bebilderte Wegweiser erlauben das gezielte Aufsuchen bestimmter Tierarten. Bei der Unterbringung der Tiere gibt es inzwischen zoologische Gärten, die fortschrittlichere Konzepte aufweisen. Der Zoo Mühlhausen hat sich in der Fachwelt einen guten Ruf geschaffen mit der Erhaltung und Vermehrung stark bedrohter Tierarten.

Gleich beim Eingang trifft man die Bären und die Zwergotter, die kleinen Brüder der Fischotter, die in Hunawihr (siehe Kapitel 27) gezüchtet werden. Bei der Fütterung der Eisbären wird mitunter Gemüse verfüttert, das in Eisblöcke eingefroren ist. Geschickt holen die Kolosse die Eisklötze aus dem Wasser und lösen das Futter heraus. Oberhalb der Braunbären leben die Timberwölfe. Die Zoologen haben nachgewiesen, daß die im Rudel lebenden Wölfe wesentlich friedliebender und weniger auf Menschenfleisch erpicht sind, als es uns die Märchen und viele Schauergeschichten weismachen wollen.

Auf einem Weiher erblickt man eine große Vielfalt von Wasservogelarten, von der heimischen Stockente bis zum rosafarbenen Flamingo. Nur wenige Meter weiter ist ein schöner Kinderspielplatz angelegt. Eine Tierart hört man an allen Stellen des Zoos, die zottigen Poitou-Esel. In einem Felsengarten, wo auch ein kleiner Wasserfall plätschert, sind Pflanzenarten zu sehen, die in Frankreich geschützt sind.

Selbstverständlich darf auch hier das elsässische „Nationaltier" nicht fehlen, der Storch. Der wohl für Kinder interessanteste Teil befindet sich in der Nähe der Storchenwiese, der Affenzoo. Die in anderen Tiergärten üblichen Großaffen sucht man hier vergebens. Dafür bietet der Zoo eine überraschend große Vielfalt an Zwerg- und Kleinaffenarten. Diese possierlichen Gesellen können sich der Aufmerksamkeit der Kinder sicher sein. In einem weiteren Gehege kann man zwischen exotischen Vogelarten herumspazieren. Aber Vorsicht: wenn man das Gehege betreten hat, kann man nicht mehr zurück; man muß es ganz durchqueren.

Unweit vom Ausgang dreht sich ein Kinderkarussell. Für junge Mütter ist neben dem Eingang ein Babywickelraum eingerichtet.

▷ *Wie kommt man zum Zoo Mulhouse?*
Mit dem Auto: Über die A 35/A 36 (sowohl aus Richtung Strasbourg als auch aus Richtung Basel/Freiburg) bis zur Ausfahrt Mulhouse-Centre. Der Weg von der Autobahn zum Zoo ist sehr gut beschildert, führt allerdings quer durch die Stadt.
Mit öffentlichen Verkehrsmitteln: Der Zoo ist mit der Buslinie 12 zu erreichen.

Zoo Mühlhausen (Zoo de Mulhouse)

△ *Öffnungszeiten:* täglich

Mai bis August	8.00 – 19.00 Uhr
April und September	9.00 – 18.00 Uhr
März, Oktober, November	9.00 – 17.00 Uhr
Januar, Februar, Dezember	10.00 – 16.00 Uhr
1. Januar und 25. Dezember geschlossen	

∞ *Eintrittspreise:*

Erwachsene	45,00 FF (etwa 13,50 DM)
Erwachsene über 65 Jahre	20,00 FF (etwa 6,00 DM)
Kinder 6 bis 16 Jahre und Studenten	20,00 FF (etwa 6,00 DM)
Kinder unter 6 Jahren	frei

★ *Auskünfte:*
Parc Zoologique et Botanique, 51 Rue du Gardin Zoologique, F-68100 Mulhouse, Telefon 0 03 33/89 44 17 44, Fax 0 03 33/89 44 08 06

☆ *Einkehrmöglichkeiten:*
Selbstbedienungsrestaurant im Zoo
Restaurant mit Bedienung vom Zoo aus zugänglich

▭ *Kartenempfehlungen:*
Carte Touristique 1 : 100 000 „St. Dié Mulhouse Bâle“ vom Institut Géographique National, Paris
Generalkarte 1 : 200 000 „Vogesen/Elsaß“

108 Seiten, 29 Schwarzweiß-fotos

„Spaß für und mit Kindern", das ist das Motto Heinz R. Wittners, der seit Jahren im Pfälzerwald-Verein aktiv ist. Bei insgesamt 26 Ausflügen wird die Geschichte der Pfalz lebendig. Sie sehen, wie die Römer kelterten und Steine brachen, Sie besteigen Burgen, wandern zu markanten Felsen oder fahren mit der Grubenbahn in ein Kalkbergwerk.

128 Seiten, 29 Schwarzweiß-fotos, 14 Kartenskizzen

Ein Drittel der Fläche des Saarlandes ist mit Wald bedeckt, und neben landschaftlichen Schönheiten gibt es für Familien noch eine Menge anderer Dinge zu entdecken. Auf der Burgruine Montclair läßt die Phantasie der Kinder die Lebenswelt der alten Ritter wiedererstehen, und kleine Tierfreundinnen und -freunde kommen im Saarbrücker Wildpark und im Wolfsgehege bei Merzig auf ihre Kosten.

112 Seiten, 40 Schwarzweißfotos

Familien mit Kindern finden in 25 Kapiteln Vorschläge für Wanderungen auf den Spuren von Flößern, Waldbauern und Rittersleuten im Nordschwarzwald. Die Sehenswürdigkeiten werden kurz geschildert, aber auch Rastplätze mit Feuerstellen, Einkehrmöglichkeiten und Kinderspielplätze werden erwähnt.

132 Seiten, 31 Schwarzweißfotos

Ein Ausflug ins Sagenreich der Erdmännlein oder eine Fahrt im Bummelzug sind nur 2 von 23 aufregenden Abenteuern, die im Südschwarzwald auf unternehmungslustige Familien warten. Lebendig und anschaulich schildert die Autorin die Ausflüge zwischen Freiburg und der Schweiz und lädt dazu ein, den vielschichtigen Natur- und Kulturraum zu Fuß kennenzulernen. Viel Spaß bei der Entdeckungsreise.

132 Seiten, 34 Schwarzweiß-fotos

Unsere Autoren, seit Jahren als Wanderwarte im Fichtelgebirgs-Verein engagiert, wissen aus Erfahrung, was sowohl Kinder als auch Erwachsene begeistert: der Wackelstein zum Beispiel, ein Felsriese, den selbst Kinderhände mühelos bewegen können, eine rasante Fahrt mit der Sommerrodelbahn und vieles mehr.

144 Seiten, 42 Schwarzweiß-fotos, 18 Kartenskizzen

Ja, so warn's ... die alten Rittersleut'! Mittelalterliche Burganlagen wie das Schloß Egg in Deggendorf sind für Kinder immer faszinierend. Doch ein Besuch bei Bären und Wölfen im Nationalpark steht dem an Abenteuer in nichts nach. Diese und viele andere Möglichkeiten, im Bayerischen Wald zu wandern und aufregende Dinge zu erleben, hat unsere Autorin für Sie entdeckt.

156 Seiten, 35 Schwarzweißfotos, 21 Kartenskizzen

Die Sächsische Schweiz mit Kindern erleben! Unsere Autorin Renate Florl hat mit ihrer Familie selbst erfahren, welche unglaublichen Erlebnisse in diesem Wandergebiet möglich sind. Die Kinder konnten nicht schnell genug aus dem Haus kommen, um neue Ziele anzusteuern, neue Aussichten zu genießen und einen für sie völlig neuen Teil Deutschlands kennenzulernen. Die begeisternde Art, diese Ausflüge zu schildern, macht allein schon die Lektüre dieses Familien-Wanderführers zum Erlebnis. Alle notwendigen Informationen sind, wie gewohnt, am Ende eines jeden Kapitels zusammengefaßt.

84 Seiten, 35 Schwarzweißfotos, 21 Kartenskizzen

Den Spreewald - das „Venedig" von Brandenburg und eine der eigenwilligsten Naturlandschaften Europas - prägen urwüchsige Wälder, unzählige Fließe, blühende Wiesen und idyllische Seen. Über Jahrhunderte entstand diese außergewöhnliche Flußlandschaft, die einer reichen Tier- und Pflan-zenwelt Heimstatt bietet. Unser Autor Heinz Pflanz versteht es, Kindern die Geschichte und die einmalige Natur dieser Landschaft nahezubringen. Die Touren bieten viel Abwechslung, enthalten Hin-weise zu Naturbeobachtungen und einfachen Untersuchungen und natürlich, wie gewohnt, ausführliche Routenbeschreibungen im Infoteil des jeweiligen Kapitels.

132 Seiten, 29 Schwarzweißfotos, 10 Kartenskizzen

Das gebirgige Land zwischen Werra und Fulda, zwischen dem Kreuzberg und dem Hessischen Kegelspiel hält eine Fülle an Überraschungen bereit. Die Rhön ist gerade für Kinder eine nahezu unerschöpfliche Fundgrube für immer neue Entdeckungen. Burgen und Klöster beflügeln als Überbleibsel längst vergangener Zeiten die Phantasie, und neben der reichen Flora und Fauna gibt es auch gewaltige Felsformationen zu bestaunen. Die zahlreichen Touren sind speziell auf die Bedürfnisse von Kindern ausgerichtet und werden durch einen ausführlichen Infoteil am Ende eines jeden Kapitels sinnvoll ergänzt.

116 Seiten, 33 Schwarzweißfotos

1000 Jahre Geschichte an 100 Flußkilometern, Burgenromantik mit ganz eigenwilligem Charme und reizvolle Heidelandschaften - das ist das Sächsische Burgen- und Heideland. In 15 informativen Kapiteln stellt Bernd Weinkauf eine Landschaft vor, die viel Raum für Freizeitaktivitäten, Erholung und Entdeckung der sächsischen Geschichte und Tradition offeriert. Gut begehbare Wege, vielerlei Pflanzen und zahlreiche Tierarten bieten mehr als genug Möglichkeiten für jung und alt.

121 Seiten, 33 Schwarzweißfotos

Die Schwäbische Alb bietet mit ihren Höhlen, Felsen, Höllenlöchern, Vulkanen und Versteinerungen eine Fülle von Möglichkeiten, mit Kindern zusammen das Mittelgebirge zu erkunden. Schönes und Ungewöhnliches wartet darauf, zu Fuß entdeckt zu werden: ob weite Ausblicke ins Land vom Hohenneuffen herunter, Baden in Erholungsseen oder eine spannende Bootsfahrt in die Tiefen der Wimsener Höhle - Familien erleben auf der Alb Natur pur und werden ermutigt, ihre Geheimnisse zu erforschen. Der Anhang sorgt mit praktischen Tips und weiteren Informationen dafür, daß die Wanderungen auch sicher gelingen.

121 Seiten, 33 Schwarzweißfotos

Es gibt vieles zu sehen, zu erleben, zu wandern und zu radeln in und um Stuttgart. Warum z. B. nicht mal den Sterngucker besuchen oder mit der S-Bahn ins Mittelalter fahren? Oder doch lieber ins Porsche-Museum gehen, mit dem nostalgischen Dampfzug durchs Strohgäu fahren oder den Geburtstag auf dem Stuttgarter Flughafen feiern? Insgesamt 25 Tips für Ausflüge mit Kindern zu jeder Jahreszeit und bei jedem Wetter, mit Hinweisen auf Einkehr-, Grill- und Spielmöglichkeiten garantieren einen gelungenen Ausflug, der außerdem mit öffentlichen Verkehrsmitteln günstig zu realisieren ist.

130 Seiten, 47 Schwarzweißfotos

Kinder brauchen Abenteuer. Auf spannenden Streifzügen durch Baden-Württemberg werden viele Fragen beantwortet, so zum Beispiel, wer einmal diese Burg bewohnt und wer sie zerstört hat, ob der „Schwäbische Vulkan" noch Feuer speit und vieles mehr.

152 Seiten, 30 Schwarzweißfotos, 24 Kartenskizzen

Durch seine Fülle an Angeboten bietet der Schwäbische Wald viele Möglichkeiten der Freizeitgestaltung. Da sind die Klingen mit ihren geheimnisumwitterten Felsgrotten und Wasserfällen, die vielen Bäche mit ihren Mühlen und Mühlrädern, der römische Limes mit Nachbildungen von Wachtürmen, sowie Burgen, Aussichtstürme, Historische Dampfzuglinien und nicht zu vergessen die vielen Spiel- und Grillplätze, die zu ausgedehnten Rastpausen einladen. Wofür Sie sich auch entscheiden, der Schwäbische Wald wird Sie und Ihre Kinder in seinen Bann schlagen.

121 Seiten, 33 Schwarzweiß-fotos

Wasser war schon immer ein Element, das Kinder begeistert. Eine Schiffahrt auf die Blumeninsel Mainau oder die Insel Reichenau ist für alle ein Erlebnis, der Schloßgeist von Meersburg spukt regelmäßig bei allen Kinder-führungen, und die mehr als 200 Berberaffen im Freigehege von Salem freuen sich über jeden Besucher.

120 Seiten, 28 Schwarzweiß-fotos

Für Familien mit Kindern gibt es im Hohenloher Land viel zu erwandern und zu erleben. Ob bei der Fossiliensuche rund um Kirchberg, einem Besuch auf dem Schweinemarkt in Blaufelden oder im Freilandmuseum von Wackershofen - der Ausflug bleibt für alle ein unvergeßliches Erlebnis.